包租公/婆 3.0

林錡茂——著

推薦序 1

　　很高興看到好友錡茂兄出版本書，從一開始有想要出書的念頭，到完成本書，一路走來眞的非常的用心、辛苦。

　　本書《包租公 / 婆 3.0》由傳統的 1.0 版 (未變動格局，只有簡易裝修) 的投報，談到最大利用率 2.0 版 (隔成多間套房) 的投報，再升級至最佳使用率 3.0 版 (投入較少資金，得到最大報酬) 的投報，一一用實際案例圖文詳細說明，深入淺出，相信讀者會很容易理解、吸收，本書的投資報酬是以中長期的投資置產收益爲前提，因應物價通膨、現金貶值，所做的財務規劃，而非短買短賣的投機行爲。

　　《包租公 / 婆 3.0》，能讓許多想要投資收益並置產的年輕人知道如何開始進入此領域，本書共分三章，且以公寓大樓及透天厝爲標的案例說明，非常詳細，也可以做爲工具書使用。

　　第一章爲入門篇，此章讓讀者瞭解去哪裡找到標的物，如何評估並找到適當標的物，內容詳細實用。

　　第二章爲基礎篇，此章讓讀者瞭解房屋裝修的前中後應注意的事項及各項常用建材的介紹與使用。

　　第三章爲風險控管篇，此章讓讀者瞭解如何評估租金、計算投報率及投資此類房產時須注意及預先避免的風險。

本書的出版造福了許多想要投資置產卻不知其門而入的人，隨著本書的出版，相信也會使市場上公寓大樓及透天厝的成交量提升吧！

太平洋房屋台中區加盟總部總經理　賴坤成

推薦

推薦序 2

在人生旅行中累積不同經歷，在實務中精進改變不同思維；一位努力向上有能力的設計者來爲社會貢獻，對於空間專業不善表達時，設計圖說可展現空間的居中、對稱、平衡、協調，圖面是平面，隔間與櫃體是立體，有平面想像與立體空間不同。

林錡茂作者是多年的好友，對於設計非常用心，本書可以讓不是設計專業的讀者也可以有專業的表現。社會不斷的在進步，對於法規要求以及材料構造的組合，使空間表現更爲流暢，是本書的特色。

本書分享如何找房、設計規劃、改造過程裝修工程實務應注意事項，林錡茂作者想像力無限寬廣且能具體付諸實現，提供多種房型規劃參考，符合居住的需求。所以設計是什麼？設計就是看了這本書之後，你也會是改房高手。

錡茂兄在別人的需要上看到自己的責任，在本書投入相當大的心血提供多種格局讓讀者參考，自住或出租公寓的房東思考要如何整理房子增加收益，也解決有房屋閒置的讀者，可以整理後再配合政府公益出租，一舉多得，本書值得推薦。

徐炳欽　博士
惠晴室內裝修工程有限公司　負責人
2019~2025 中華民國空間設計學會　秘書長
謹誌於 2023.09

推薦序 3

　　本書重點在於「以室內設計專業知識，提供房屋自住、出租者如何創造最大的利基」！

　　作者本身是位室內設計師，從工作中發現房屋可以經由設計，並且在低裝修經費下可創造更多產值，也就是所謂的包租公／婆 3.0 的概念。並非所有物件都適宜進行改裝，因此首要工作即是「如何找好房」，如何將紅海蛻變為藍海，在合法範圍內，花最少的費用，達到最佳利潤。

　　書中從眾多實例中教你如何找房、如何設計，如何進行裝修，一言以蔽之本書特點如下：

1. 文字儘量口語化，避免太艱深專業敘述，達到淺顯易懂目的。
2. 對住宅提出創意新觀點，以分區裝修為概念，在符合現有法規下、以最經濟方式進行設計裝修以利自住或出租，進而創造最高利潤。
3. 提供許多案例進行分析比較，說明操作方式及其優劣，讓讀者更易清楚明白。
4. 提供經濟、實用、安全、合法的室內裝修工程方式。

　　錡茂兄在繁忙工作之餘，整理撰寫自己工作心得並將成果公開無私的分享，本書無論是專業室內設計師或一般大眾，都具有極佳的參考價值，也希望讀者閱後有所收穫。特此為序推薦之！

張一庭

開業逾 30 年資深室內設計師、曾任多所大學室內設計講師

推薦序 4

　　錡茂大師的《包租公／婆 3.0》淺顯易懂，讓讀者能領略空間規劃設計的奧妙，發揮創意及巧思，達到空間的最大效益，在高房價的時代，無論是自住或投資，都提供很好的思考方向。

　　錡茂大師在本書提供室內裝修應該注意的事項，鉅細靡遺，提點各個工項應注意之點，讓非專業之讀者，獲取入門的觀念，未來房屋有裝修需求時，更能掌握重點，打造屬於自己溫暖舒適的家。

　　基此，本書具有極高參考價值，值得推薦收藏。

張宏銘　律師

推薦序 5

　　在這本書中，我有幸為錡茂先生的出書寫序，向大家推薦這位傑出的資深室內設計師和熱衷於公益事務的同業好友。

　　錡茂先生不僅對於室內設計充滿濃厚的熱情，更是一位積極參與裝修行業同業公會活動的熱心會員。他具備豐富的實際舊屋改造經驗，並有租賃裝修管理的實務經驗。

　　在這本書詳細說明如何將各種不同格局的空間做更有效的利用，並規劃出互不干擾的獨立空間。對於屋主而言，如何充分最有效的坪數利用，增加居住空間的彈性，更可以出租以增加被動收入，減輕經濟負擔，改善家庭生活品質。

　　除此之外，書中還特別專章介紹有關室內裝修工程的問題。錡茂先生將他多年來累積的實務經驗，逐項分析並講解各個工程項目的施作要領。這些實務性的指導將為讀者提供寶貴的建議和啟發。

　　這本書是錡茂先生對於室內設計和居住空間優化的貢獻，也是他對於整個行業的承諾和關懷。我相信這本書將成為許多讀者在室內設計和裝修方面的指導明燈，帶來無盡的靈感和啟迪。

　　最後，我要衷心感謝錡茂先生所做的努力和貢獻，他不僅是一位優秀的設計師，更是我們行業中的一面旗幟。希望這本書能夠傳遞他的智慧和經驗，讓更多人受益。

　　祝福 錡茂先生的新作獲得廣泛的支持和讚賞！

　　蔡秋鴻　于佛羅倫斯大學建築設計學院落筆 2023.04.19

作者序

　　「在我們周遭許多房屋中，隱藏了各種不同房型的格局密碼」，本書跳脫傳統隔套房方式，以另一角度探討解析房屋格局，透過從事室內設計業的經驗分享，使用設計方法簡易將一屋分為二區，規劃成可收租兼自住用途的格局，減少管理戶數、降低裝修成本與投資風險並提高報酬率。

　　以 3 房 2 廳 2 衛格局舉例，視坪數大小不增加浴廁可以規劃成以下三種方案：

一、「2 房 + 客廳 + 廚房 + 浴廁 + 陽台」及「1 房 + 客廳 + 浴廁 + 陽台」。

二、「2 房 + 客廳 + 廚房 + 浴廁 + 陽台」及「1 套房 + 陽台」。

三、「5 房 + 客廳 + 廚房 +2 浴廁 + 陽台」。

　　本書內容將分析哪些房型適合分二區出租，並利用房仲網站的格局圖進行草圖模擬評估，並計算房價、裝修成本報酬率。先透過網站分析格局圖進行篩選，評估如符合屬意的報酬條件，再約看現場進行尺寸核對，並確認周遭環境無嫌惡設施後便可出價斡旋購入。此方法不需要房仲帶看大量建物，可減少雙方花費的時間成本，增加尋找高報酬物件的效率。

我將過去經驗公開分享，提供公寓、華廈、透天住宅 3.0 房型的案例分析，建物附有來源出處，規劃前及規劃後的彩色平面格局示意圖，讓讀者瞭解在包租公／婆投資租賃市場，除了隔套房外還有不同的操作模式，真正達到本書主軸目的「低管理／低裝修成本／低風險／高報酬」。

林錡茂　2023.07.26

目　錄
CONTENTS

第一章

開啟房型密碼

01 包租公／婆 1.0 ／ 2.0 ／ 3.0

　　好友問我什麼是包租公／婆 3.0，我的回答 3.0 是區別活化資產效果的方式。

1.0 模式整層出租：

　　舉例一房屋主建物 27 坪，3 房 2 廳 2 衛，1.0 模式大部分是空屋整層出租，對房東而言是最簡易、單純的租賃方式，例如公寓、大樓整層或透天整棟出租，只須面對一家庭，比較沒有管理上的問題，房屋格局只要能滿足租客的使用需求，即能收取每月固定租金報酬的模式。

包租公／婆 1.0
3房2廳2衛整層出租

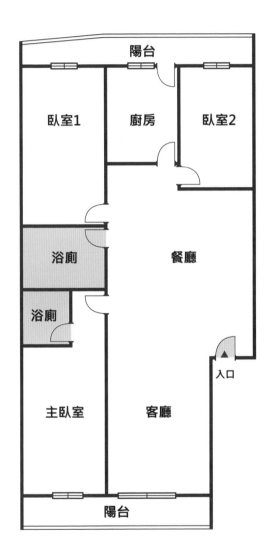

2.0 模式整層改套房出租：

　　以原有房屋格局經整修改套房出租，是爲了將 1.0 模式的租賃坪效極大化，使報酬收益翻倍以上，套房產品針對在都市工作生活的上班族或在學的學生族群，套房擁有獨立隱私的居住空間，是租賃市場不可或缺的一部分。

　　舉例一房屋主建物 27 坪，3 房 2 廳 2 衛，經裝修改建爲五間套房（含浴廁）。總裝修經費增加，但租金可翻倍以上。管理戶數從 1.0 模式的一戶，增加爲五間套房，提高管理成本與空屋風險。

包租公／婆 2.0
3 房 2 廳 2 衛改套房
5 套房

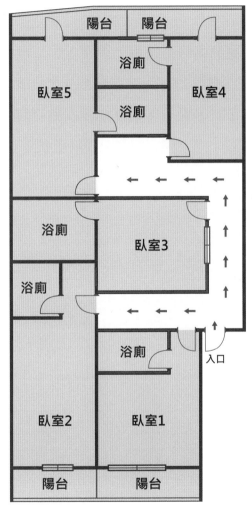

陽台　陽台

浴廁

臥室5　　浴廁　　臥室4

浴廁

臥室3

浴廁

浴廁

入口

臥室2　　臥室1

陽台　　　陽台

▬▬▬　新增隔間圖示

3.0 模式分二區出租／自住：

有別於包租公／婆 1.0、2.0 所延伸出的 3.0 分區模式，主軸建立在低管理／低裝修成本／低風險／高報酬，以 3 房 2 廳 2 衛格局劃分二區出租，不用再增加浴廁與臥室，也不須陽台外推，找對房型就能簡易分區使用，跳脫 1.0、2.0 租賃模式，差異化租客族群，3.0 模式除了可二區收租外，也能兼自住使用。

此買屋置產方式，對於年輕首購族或是想買屋當房東的投資者，是有別於 1.0、2.0 模式的另一種新選擇。

包租公／婆 3.0
3房2廳2衛分二區
2房1廳1衛+1房1廳1衛

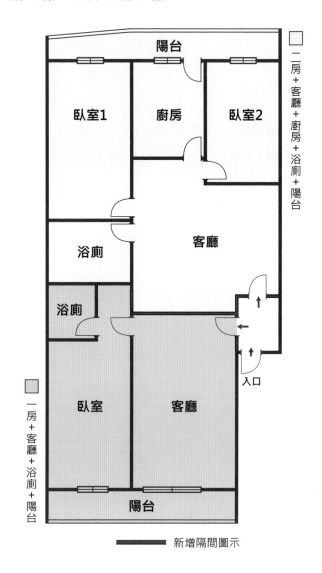

02 起源

　　時間推回民國 95 年 3 月，一則房屋銷售廣告，華廈 3 房 2 廳 2 衛，建坪 38.65 坪，廣告價二百餘萬元的低總價吸引我的注意，當下立即連絡房仲帶看房屋。

　　一進門看見客餐廳連通採光通風良好，3 房 2 浴廁也都乾淨適宜，但特別的是入口大門打開正對公用浴廁門（如右圖），此格局因風水考量自住客大多都不能接受。

　　常理來說路沖、壁刀、車道上方等具有風水瑕疵的房子，對於自住客來說是會介意的，但是對租客而言，最在意的還是租金、地點與格局，只要不是真的嚴重影響到生活，這些房屋抗性租客其實並不會太在意，因此對租金收入的影響並不大。

　　民國 95 年時期，各大學學區早已流行買房改隔套房模式進行操作，且都能獲利，但整改套房是筆不小的費用，前期需再投入一筆資金進行基礎裝修後再出租管理，對一般上班族而言在執行上有一定難度。

台中南區 / 興大華廈（一）
3房2廳2衛

95/03 房價 225 萬		

華　　廈	4/12 樓
主　　建	28.13 坪
附屬建物	3.59 坪
公　　設	6.93 坪
合　　計	38.65 坪

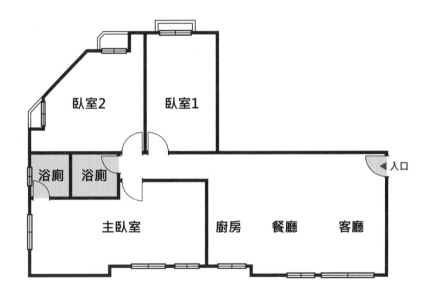

南區 / 興大三房華廈（一）格局圖（規劃前）

本建物位於中興大學學區，租客族群設定同班大學生一起合租，能住 5~7 人，我在學生租客群裡遴選一舍長當代表，僅對舍長一人收取房租及房屋問題聯繫，以方便管理。格局改造的方式是利用原有 3 房 2 廳 2 衛客餐廳連通格局，在客餐廳、廚房新作兩道隔間分出 1 房＋客廳（餐廳改臥室 1），及主臥室再隔間分出臥室 2，從大門入口靠牆面留出走道，只新增三道隔間即能將原有 3 房 2 廳格局改為 5 房＋客廳（如右圖），在浴廁及廚房格局不變動下，簡易裝修防火隔間及加裝門片，油漆清潔後再準備購置活動家具，便能委由房仲出租學生使用。

　　5 房＋客廳在租賃市場上具有稀有性，除透天整棟或大坪數華廈，大樓、公寓很難找出 5 房＋客廳的房型，本戶在售出前的八年期間，委由房仲專員或請舍長介紹學弟妹出租，房客房租從未間斷，並在民國 104 年當時認為的房價高點將本戶售出，價差不談租金收入達 7 位數報酬。本戶當時 5 房＋客廳整層出租，每月收取 1.85 萬元租金年收 22.2 萬元，如以 3 房 2 廳 2 衛整層出租，當時行情價約 9 仟 ~1 萬元，改 5 房＋客廳房租相差近 2 倍。如以年收租金除以總投資成本（含裝修），年投報率約 7.6% 符合投資報酬期待。

台中南區 / 興大華廈（一）
5房＋客廳

95/03
房價 225 萬
裝修費65 萬
總計 290 萬

建物坪數　　　38.65 坪
每坪成本價格約　7.5 萬

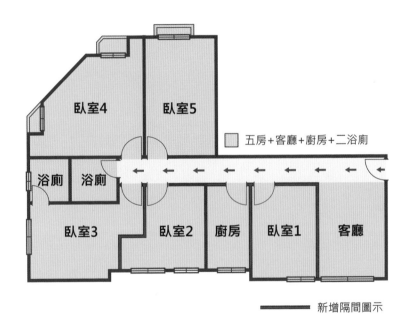

五房+客廳+廚房+二浴廁

臥室4　臥室5

浴廁　浴廁

臥室3　臥室2　廚房　臥室1　客廳

■■■ 新增隔間圖示

南區 / 興大華廈（一）格局圖（規劃後）

另外經由一位從事土地開發好友提供的一個租賃訊息，坊間有培訓組織戰如保險等業務單位，會承租多房＋客廳＋廚房的整層建物，租期至少一年以上。此模式會由團體單位的主管承租並擔任「舍長」，需求是要能提供穩定的網路及節省水電、耐操的電器。本房型除提供學生承租外也適合同一團體單位承租，因共用廚房及浴廁有清潔維護問題，由同班學生或同一團體單位使用，較容易自行約束管理環境整潔。

03 工欲善其事必先利其器

　　在百萬戶房屋都市叢林中，好的購屋機會需要花費時間成本搜尋，要挑選出具有高報酬物件，需要實際經驗。一般上班族會因為資金、房屋資訊及裝修維護等問題，不容易跨進房屋買賣與租賃收租領域。而專業投資客在買賣市場中，因有特定仲介人員服務，急售物件資訊取得較為容易，後續也有地政士、會計師、裝修等專業團隊協助運作。

　　我的本業是室內設計，客戶來源部分由房仲經紀人介紹，雙方因常有毛坯屋、房屋裝修預算估價及隔間變更等問題意見交流，與房仲人員往來密切，所以對房屋仲介交易市場熟悉。

　　在我印象中民國 96 年時期，網路媒體漸興，有房仲公司開始提供，網站上每個房屋物件均有格局圖參考，一段時間後其他房仲品牌也漸跟進。時至今日，網路媒體再次升級，提供線上 3D 看屋及空間尺寸標示的貼心服務。對買方消費者而言，省去了每個物件都要去現場看屋的時間，從 2D ／ 3D 示意圖中可大致瞭解房屋的空間格局概念，如符合心中的格局需求再去現場看屋，節省了雙方許多看屋往返時間。

台中南區 / 興大華廈（二）
3房2廳2衛

○義網站 96/02
房價 233 萬

華　　廈	4/7 樓
主　　建	27.23 坪
附屬建物	3.85 坪
公　　設	6.7 坪
合　　計	37.78 坪

南區／興大三房華廈（二）格局圖（規劃前）

因有之前台中南區興大華廈改 5 房收租案例，隔年 96 年受好友委託再次尋找合適物件，這次利用房仲網站格局圖，挑選出一戶 3 房 2 廳 2 衛四樓華廈（如左圖），以 3 房 2 廳格局進行草圖模擬規劃成 5 房＋客廳模式，當時在房仲網站提供的格局圖雖然還沒有尺寸標示，但是大門入口、客餐廳、廚房、臥室的格局及開窗位置與現場大致準確。

　　本戶大門入口在兩間浴廁斜對角呼應下，沿著大門入口靠牆留出 L 型走道，一一將各臥室串聯起來，保留兩間浴廁原有格局，拆除廚房、原臥室 1 隔間與入口門片，利用廚房採光順勢在原有餐廳區新增一臥室，再將客廳與主臥分為 3 間臥室，加上原有臥室 2 即成為 5 房，大門入口原有臥室 1 改為客廳區，本案在草圖作業中將一件普通的 3 房格局變成為出租報酬的 APPLE 物件（p.30）。

補充說明 〉〉 〉〉〉〉

　　「APPLE 物件」是房仲業的術語，是指各方面條件如地段、格局佳，且價格合理甚至略低市場行情，是在房屋市場中物超所值、搶手秒殺的好物件，意旨好的物件像蘋果一樣香甜可口。

台中南區／興大華廈（二）

5房＋客廳

○義網站96/02
房價　　233 萬
整修費　70 萬
總計　　303 萬

建物坪數	37.78 坪
每坪成本價格約	8.02 萬

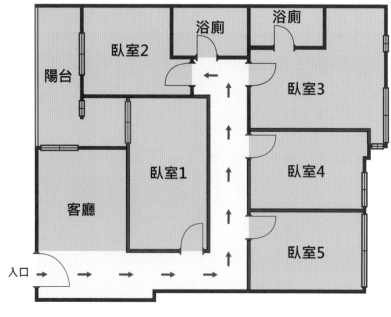

五房+客廳+廚房+二浴廁+陽台

浴廁　　浴廁

臥室2　　　臥室3

陽台

臥室1　　臥室4

客廳　　　臥室5

入口

新增隔間圖示

南區／興大華廈（二）格局圖（規劃後）

以上方式會有讀者反應，能夠將 3 房 2 廳改 5 房格局，是作者室內設計師的本業技能，經由自身專業經驗容易區分規劃，是這樣並沒錯，設計師一開始從接案洽談討論需求後，會提供符合買方的平面格局配置圖來服務客戶。

舉例五六年級生，小時候大部分玩過的兩人遊戲「卷軸迷宮」，一開始起頭會有 3~5 條通路選擇，有一人需要拿著一小卷紙張慢慢回推，另一人只能選擇一條通路行走，遊戲大部分在前中段都會走到死路（沒有到終點），只有一條路能夠抵達終點，找到終點遊戲就表示成功。

我的比喻是看懂格局圖瞭解各空間關係，經過練習只要能留出通道，將各臥室串聯開出一條能夠使用的通路，那您就跨出第一步，可以自行規劃空間格局。下一篇開始我們將進入包租公／婆 3.0 的分區模式案例分享。

卷軸迷宮

／第一章／開啟房型密碼

04 大門、浴廁為中心 劃分二區（一）

　　台中市西屯區位於市區西南側，在最重要的兩條交通動脈台灣大道及文心路交會處，這些重要的交通要道，帶來了交通便利，帶動了周邊百貨商圈及觀光飯店的繁榮，知名人文景點有國家歌劇院、路思義教堂、秋紅谷／都會／中央公園及逢甲夜市，是假日民眾休閒聚集的地方。

　　西屯區有東海、逢甲、僑光三所大學及榮民總醫院，並擁有中部最大的台中工業區與中部科學園區，近年在中科帶動就業與人口紅利，受惠科技族群的買氣，是建商推案量僅次於北屯區外的密集區域。未來大型建設還有台中捷運藍線、水湳經貿園區及中科園區擴大開發。西屯區在人口不斷正成長下，成為台中市工商業最密集的地區。

　　本戶位於西屯區知名大型集合住宅〇聯天地，本建物房型 3 房 2 廳 2 衛電梯華廈（如右圖），主建物＋陽台 30.08 坪，大門入口與兩浴廁置中相對，房屋深度約 10.7m，寬約 8.3m，是常見的營造格局。

台中西屯區／中科華廈

3房2廳2衛

○義網站 112/02
開價 988 萬 (含車位)
屋齡 28.6 年

華 廈	15/16 樓
主 建	27.19 坪
陽 台	2.89 坪
共有部分	9.69 坪
花 台	0.27 坪
停車空間	4.38 坪
合 計	44.42 坪

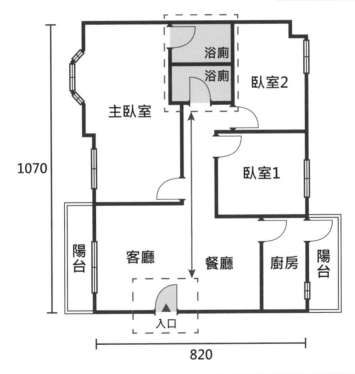

西屯區／中科三房華廈格局圖（規劃前）

🏠✅ 房型分析

　　我們以大門及浴廁為中心，以左邊主臥室走道隔間牆為分區界線，新增分區隔間牆劃分二區房型（如右圖），除了1房1廳臥室入口方向改變，2房1廳的各空間隔間位置幾乎不做變動，2陽台一左一右，這種房型常見在大樓、公寓，只要稍加留意，可快速找到簡易劃分二區的房屋，搜尋到的機率很高。

包租公 / 婆 3.0
房型分數 100 分

○義網站 112/02
開價 988 萬 (含車位)
屋齡 28.6 年

建物坪數	44.42 坪
每坪成本價格約	22.24 萬

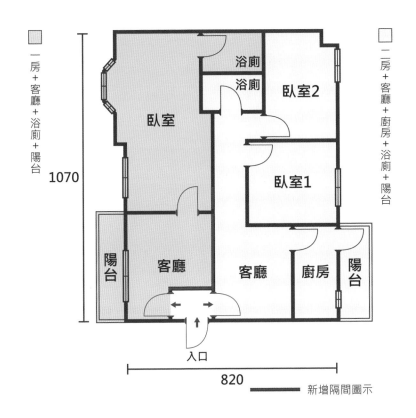

一房＋客廳＋浴廁＋陽台

二房＋客廳＋廚房＋浴廁＋陽台

浴廁
浴廁
臥室2
臥室
臥室1
1070
陽台
客廳
客廳
廚房
陽台
入口
820 ━━━ 新增隔間圖示

西屯區／中科華廈二區格局圖（規劃後）

　　執行尋找 3 房 2 廳 2 衛適合的分區建物，操作模式舉例，進入房仲網站買屋畫面進行以下設定：

　　選擇縣市（台中市）→金額（400~800 萬）→產品（公寓 + 大樓）→坪數（主建 + 陽台，20~40 坪），進階篩選 3~4 房，預設排序選擇總價從低到高，顯示全部物件縮小範圍後，即可開始挑選我們理想中可分區的建物。

　　以下有四項挑選重點提供參考

1. 主建物在 21 坪以上。
2. 3 房 2 廳 2 衛以上格局。
3. 房屋開價金額已先吸引你。
4. 樓層挑選如公寓 3 樓以下優先，4 樓次之，5 樓則列入參考備案；電梯華廈則不受樓層影響。

　　搜尋到符合以上條件的建物，點選網站「看格局」瞭解格局圖內容，再草圖模擬作業是否適合分區，另外點選 2 D／3D 看屋即可感受 720 度全景空間，不用去看現場即能瞭解室內各空間環境屋況及大門與開窗位置。

　　搜尋近一、二十件房屋大約會有 1~3 戶建物可做分區。很幸運地搜尋不久即出現 100 分的分區格局房型。

台中北區／中國醫公寓
3房2廳2衛

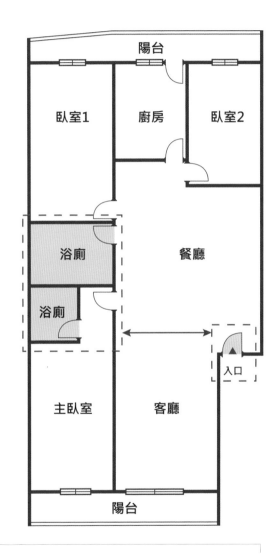

○義網站 111/09
房價 740 萬 (附整修)

公 寓	3/5 樓
主 建	27.27 坪
陽 台	3.21 坪
共有部分	1.8 坪
合 計	32.28 坪

陽台

臥室1　廚房　臥室2

浴廁　餐廳

浴廁

入口

主臥室　客廳

陽台

北區／中國醫三房公寓格局圖（規劃前）

🏠✓ 房型分析

本戶房型入口大門和二浴廁為中心，此種房型是一般公寓、華廈中最常見的營造格局，也是最容易分區的房型之一，本屋前方有客廳及主臥室含浴廁、陽台，後方有餐廳、廚房、浴廁及 2 臥室，特別重要的是前後都有陽台可使用（p.37）。

本戶格局我們只需在客餐廳之間新建兩道分區隔間牆及門片，不須變動二間浴廁及廚房位置，也不用拆除任何臥室區牆面即能成為二區房型（如右圖）。

📋✓ 評分分析

本戶分區為 1 房＋客廳＋陽台及另一區為 2 房＋客廳＋廚房＋陽台的滿分物件。為何稱本戶為 100 分的房型，是因為除了容易分區外，最重要的是分區後有前後陽台可獨立使用，再來一點是 1 房 1 廳採光通風良好，另一區 2 房是將原有餐廳改為客廳，採光通風可藉由廚房通透進來客廳，再利用裝修彌補客廳無採光的瑕疵，這就是稱本戶為 100 分房型的原因。

包租公 / 婆 3.0
房型分數 100 分

○義網站 111/09
房價 740 萬 (附整修)

建物坪數　32.28 坪
每坪價格約 22.92 萬

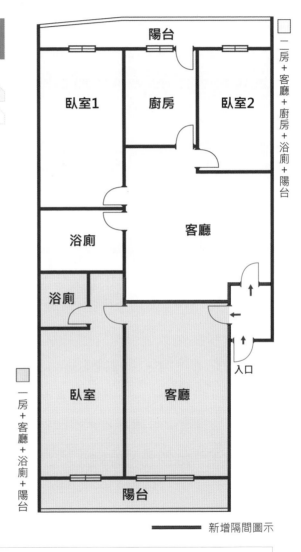

陽台

臥室1　廚房　臥室2

一房＋客廳＋廚房＋浴廁＋陽台

浴廁

客廳

浴廁

入口

一房＋客廳＋浴廁＋陽台

臥室　客廳

陽台

━━━ 新增隔間圖示

北區／中國醫公寓二區格局圖（規劃後）

本戶位於台中市北區中國醫藥大學（醫院）附近，好友得知此戶公寓物件，經評估可分區後，隨即電約房仲隔日帶看房屋，一般公寓大部分為雙併二戶同一樓梯間進出，準備看屋時，房仲告知本棟隔壁戶是改套房出租學生每間租 8 仟元，我研判同室內坪數（27.27 坪）應可改為 5 套房出租，但第 5 房應該是中房，所謂中房是指套房在房屋中間，開窗採光在室內公共走道。此戶以隔套模式操作，在投資客坪效計算後一定會在新增一間中房出租，但房租可能會折價 1~2 仟元左右，我大約計算 4 房各以 8 仟元出租，合計 3 萬 2 仟元，加上中房 6 仟元，整層改 5 套房出租月收合計約 3 萬 8 仟元左右（參考 p.18~p.19）。

　　本戶改分二區出租，月收合計應有 3 萬 6 仟元左右，雖未超出隔 5 套房 3 萬 8 仟元月收，但是分二區出租相對低風險、低管理、低裝修成本，比較之下是值得的。

　　好友看完本戶房屋下樓後，從外觀女兒牆顯示掛滿空調室外機，且本戶樓上亦是，因為附近有中國醫藥大學學生租客群，我推測本公寓社區附近應該有不少隔套房產品出租給學生。

　　本戶開價 798 萬元、公寓 3 ／ 5 樓、主建 27.27 坪、主建＋陽台＋共有部分合計 32.28 坪，賣方因是投資客已附全室整修，包括二浴廁、廚房及地磚和牆面粉刷，還有前後陽台造型鐵窗，好友出價 645 萬元斡旋未果，幾天後房仲經紀人來電表示已有

人出價 740 萬元成交了，當下覺得可惜，不過還是有其他可選擇的分區物件。現在是買方市場，賣方求售物件不少，因疫情及股市空頭關係，延長賣方房屋銷售期，勤做功課再仔細挑選一定還有其他可分區物件開發。

　　包租公／婆 3.0，租客設定前提是以小家庭為主，如 1 房 +1 廳適合 1~2 人上班族，2 房 + 客廳 + 廚房除了提供給有小孩的家庭使用，還有家人、朋友、同事合租客群或一人商務客使用族群，完全與單人套房市場區隔，二區產品出租價格高，具有稀有性容易出租，在租賃市場上有特別的優勢。

06 大門、浴廁為中心 劃分二區（三）

　　我一位房仲好友陳芳瑛先生，目前擔任○慶房屋台中七期市政店店長，陳店長曾表示，買方要找到適合自己喜歡的房屋，建物條件如有 80 分以上就要考慮出手購買了，如要等到 90~100 分的建物出現恐怕要多等待些時日。

　　買房除預售屋可整棟樓層挑選外，透過房屋仲介購買新成屋或中古屋，同棟建物大部分只有一戶在出售，少數遇到上下樓層或同社區建物也在出售，才會有二戶以上的選擇，找房如遇到地段、格局、坪數及價格等條件皆符合需求，就必須考慮出價斡旋，以免好物件已售出需再重新選擇。

　　在台中縣市合併前，太平市是台中縣人口數第 2 大區域，約 20 萬人左右僅次於大里市，太平區有 74 號快速道路銜接國道 3 號高速公路，交通便利人口數大幅成長，新建案不斷推出房地產市場活絡，推升中古屋市場價格，房價緊貼近於台中市行情。

房型分析

　　好友經網站買屋搜尋選擇台中市太平區，出現有一建物開價 638 萬元有 4 房（如右圖），經格局圖模擬評估此房型容易分區，兩間浴廁與大門入口為中心，劃分出前 1 房 1 廳及後半部 2 房 1 廳＋廚房的二區房型，且前後皆有陽台獨立使用。

台中太平區／公寓
4房2廳3衛

○義網站 111/09
房價 586 萬 (附整修)
屋齡 40.1 年

公　　寓	3/5 樓
主　　建	23.95 坪
陽　　台	0.67 坪
共有部分	0.81 坪
合　　計	25.43 坪

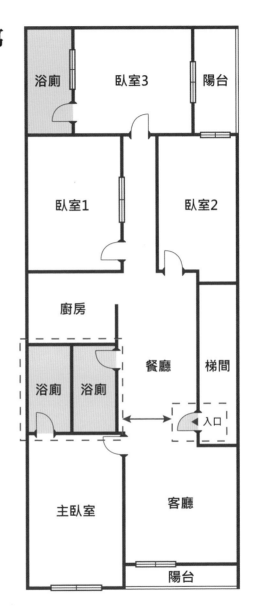

太平區／四房公寓格局圖（規劃前）

／第一章／開啟房型密碼

本戶是分區隔間最短距離，裝修隔間最少坪數案例之一，一字形長度 116cm+ ㄇ型隔間約 392cm，樓層高度 266cm 輕隔間坪數共約 4.1 坪，以最低裝修成本實現分二區房型格局。經 3.0 房型分區後，玄關公共走道短，二區入口玄關建議尺寸應不小於寬 110cm 長 160cm 為佳（視建物坪數大小調整）。

包租公／婆 3.0 分區法，以房屋原有浴廁為分區目標，在不動浴廁格局，與大門入口直接劃分出二區（如右圖），創造低裝修成本，此一房型如同上一篇中國醫公寓 740 萬元案例，本戶太平區公寓房價 586 萬成交，雖房租收入略低台中市區 10% 左右，但房價較中國醫公寓省約 154 萬元，如此相較之下相對划算。

評分分析

本戶分區房型經評估 80 分，原因是 2 房客廳無開窗採光 -10 分，廚房無開窗採光及無陽台各 -5 分。

為何 80 分的房型值得購買有幾點原因如下：

首先客廳無開窗採光可藉由裝修燈光計畫，做出至少 3 種情境光源，主要光源由主燈加天花板間接照明（層板燈）及輔助光源鋁條燈，做 3 迴路前後雙切開關選擇（裝修篇：燈具 p.172~p.175）。

包租公／婆 3.0
房型分數 80 分

○義網站 111/09
房價 586 萬（附整修）
屋齡 40.1 年

建物坪數　25.43 坪
每坪價格約　23.04 萬

☐
二房＋客廳＋廚房＋二浴廁＋陽台

☐
一房＋客廳＋浴廁＋陽台

主臥室　浴廁　陽台

客廳　臥室

廚房　餐廳　梯間

浴廁　浴廁　入口

臥室　客廳

陽台

▬▬▬　新增隔間圖示

太平區／公寓二區格局圖（規劃後）

再來是客廳通風問題，可藉由新風機安裝在臥室後陽台天花板，銜接通風管導引室外新鮮空氣至客廳牆面側吹，經由新風機設備濾網及濾芯過濾空氣至客廳，用電量節省且不需要安裝全熱交換器即能彌補客廳通風問題（裝修篇：空調 p.167~p.171）。

另外 2 房廚房無陽台及無開窗採光各 -5 分，主要是垃圾桶分類置放問題，本房型二區各入口隔間，皆有一處可裝修置物高櫃，下半部留 120 公分可置放垃圾桶及打掃用具，上半部設計層板置放鞋子，置物高櫃分上下櫃 4 門片雙開，不需從後陽台經過臥室即可解決垃圾分類置放問題（裝修篇：木作 / 系統櫃 p.192~p.195）。至於廚房無開窗採光問題，可藉由崁燈或流明天花板即可解決光源問題。

專家建議

另外我特別請教房屋租賃達人，○義房屋資深業務林琪淑，詢問客廳無開窗採光問題會不會影響租客租屋意願，她表示 2 房租客租期大約 1~5 年不等，主要是租金價格和地段因素，在不影響生活下只要解決燈光及通風問題，租客大致還能接受客廳無開窗採光的屋況。

本戶開價 638 萬元，最後以 586 萬元成交，以台中市太平區 40 年舊公寓大部分人都認為買貴，我也是這麼認為，斡旋期間賣方 590 萬元堅守不降價，只有買方一路加價上去，主因是室內有 4 房，房價 586 萬元還附整修，本戶如換成是在台中市市區求售，應該會有多組買方有出價意願，機會可遇不可求。

包租公／婆 3.0 是著眼長期穩定租金收入，出租 3 年即有百萬租金收入，有穩定租金沒有理由並不需要出售，與投資客短期買賣賺價差理念不同，透過實價登錄買方知道賣方買房取得成本低廉，從購屋到整修 4 個月即售出，賣方付完房地合一稅後還有價差利潤，這是投資客的成果我們可以理解。

投報分析

本戶預計二區月收租金 3.2 萬元年收 38.4 萬元，購屋成本 586 萬元，輕裝修後再購買一房一廳家具、家電及全室冷氣，共投入約 86 萬元，合計總成本 672 萬元，年投報率 5.7% 左右符合中部投資報酬期待。

07 大門、浴廁為斜對角 劃分二區（一）

　　台中南區在火車站西南側，屬於台中市都心區域，擁有國立中興大學、中山醫學大學、國立圖書館及台中文化創意產業園區（台中酒廠）等其他重要的政府機關，國立中興大學、中興湖更是假日民眾休閒的場所，校園外的興大康橋及興大綠園道，阿勃勒賞花是每年五、六月季節限定的景點，還有台中在地美食聚集地忠孝夜市、大慶夜市，走在南區會感受到人文聚集、文風鼎盛的生活氣息。

　　本篇利用台中南區興大華廈（二）案例，3房2廳2衛（如右圖），主建物 27.23 坪模擬 3.0 房型，入口大門與浴廁位置為房屋斜對角，是典型常見營造格局。

🏠 房型分析

　　我們以大門入口沿著牆面留出走道，新增 T 型分區隔間牆，即可劃分二區房型（p.50），除了1房1廳臥室入口方向改變外，2房1廳空間格局幾乎不做變動，這種房型常見在大樓、公寓，是很容易劃分二區的房型。

台中南區 / 興大華廈（二）

3房2廳2衛

○義網站 96/02
房價 233 萬

華	廈	4/7 樓
主	建	27.23 坪
附屬建物		3.85 坪
公	設	6.7 坪
合	計	37.78 坪

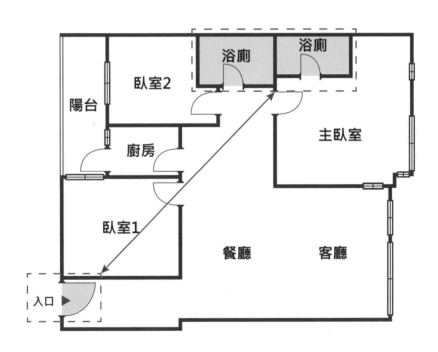

南區／興大三房華廈（二）格局圖（規劃前）

/ 第一章 / 開啟房型密碼

包租公／婆 3.0
房型分數 100 分

○義網站 96/02
房價 233 萬

建物坪數　37.78 坪
每坪價格約　6.17 萬

二房+客廳+廚房+浴廁+陽台

浴廁

浴廁　陽台

一房+客廳+浴廁+陽台

臥室2

陽台

臥室

廚房

客廳

臥室1

客廳

入口 →　→　→　→　→

新增隔間圖示

南區／興大華廈（二）二區格局圖（規劃後）

08 大門、浴廁為斜對角 劃分二區（二）

　　本戶位於台中大里區，在台中縣市合併前，大里市是台中縣第一大人口數區域，約 23 萬人，緊鄰中興大學，有中投和 74 號兩條快速道路，鄰近國道 3 號高速公路，南下連接草屯、南投，北上至烏日、彰化，是台中市最繁華的區域之一。

　　朋友目前租屋有購屋買房打算，我建議他找包租公／婆 3.0 房型，一間自住另一間出租，自己或兩人可以使用 1 房 1 廳，未來結婚生子，再換 2 房 1 廳居住，依自己的需求，二區彈性更換居住，自住兼收租，房貸利息還有租客幫忙分擔，是一筆划算的購屋計畫，如我好友阿鴻所說，只要您有一間房子就有機會增加被動收入，往後生活也能減輕經濟負擔。

　　朋友在瞭解 3.0 模式後，自行網站買屋搜尋，找到位於大里區 3 ／ 5 公寓，3 房 2 廳 2 衛（p.52），主建物 26.68 坪，屋齡 43 年，陽台未登錄權狀的三樓公寓。

房型分析

　　他詢問我這間房子可否分二區，我的回覆是大門入口與浴廁位置為斜對角，沿著客廳牆面留出走道，新增 L 型分區隔間牆，即可劃分二區格局（p.53）。

台中大里區／公寓
3房2廳2衛

○義網站 112/02
開價 568 萬
屋齡 43.3 年

公	寓	3/5 樓
主	建	26.68 坪
合	計	26.68 坪

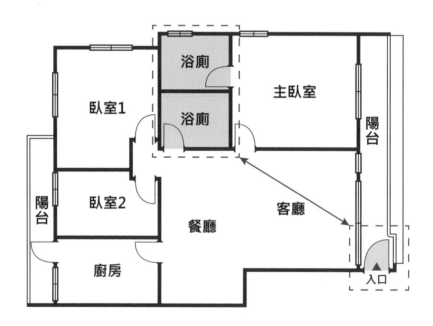

大里區／三房公寓格局圖（規劃前）

包租公/婆 3.0
房型分數 100 分

○義網站 112/02
開價 568 萬
屋齡 43.3 年

建物坪數	26.68 坪
每坪成本價格約	21.29 萬

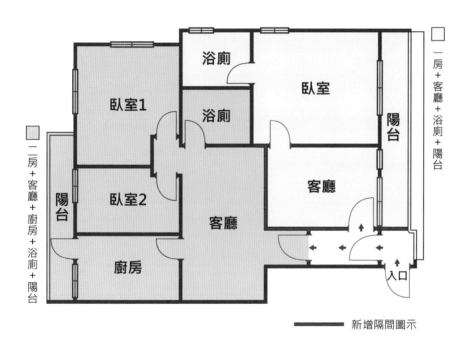

一房+客廳+浴廁+陽台

一房+客廳+廚房+浴廁+陽台

浴廁

浴廁

臥室1

臥室

陽台

陽台

客廳

臥室2

客廳

廚房

入口

━━━ 新增隔間圖示

大里區／公寓二區格局圖（規劃後）

本戶房型有一需要注意的地方，因公寓大門入口處位於陽台入口，進入室內必須經過落地窗，此 3.0 房型更改客廳、陽台落地窗涉及外牆變更，應委請建築師依當地政府法令規定辦理外，須符合公寓大廈管理條例規定，始可變更施工使用。

補充說明 >> >> >>

外牆變更

公寓大廈管理條例第 8 條規定，「公寓大廈周圍上下、外牆面、樓頂平臺及不屬專有部分之防空避難設備，其變更構造、顏色、設置廣告物、鐵鋁窗或其他類似之行為，除應依法令規定辦理外，該公寓大廈規約另有規定或區分所有權人會議已有決議，經向直轄市、縣（市）主管機關完成報備有案者，應受該規約或區分所有權人會議決議之限制」。

09 勤加練習有更佳選擇

　　本戶位於台中市豐原區，鄰近火車站與豐原國小，三樓公寓開價 498 萬元，主建 18.48 坪加上附屬建物及公設合計 24.58 坪，此一物件總價 4 字頭 498 萬元很容易吸引買方注意。

房型分析

　　我特別注意此一格局圖（p.56），3 房 1 廳 1 衛、室內 18.48 坪，是典型以入口大門、浴廁為斜對角可劃分二區的 3.0 房型，因室內坪數小且缺少一浴廁的情況下，一度質疑是否能分二區，經草圖模擬分析後，規劃出 A 方案分區方式（p.57），一區為「2 房＋客廳」及另一區為套房的房型格局。

補充說明　>> >> >>

　　經時價登錄顯示，本戶於 111 年 10 月已售出 435 萬，買方經適當整修後，更換廚具、燈具及地板更新，全室油漆粉刷清潔後，於 112 年 04 月○義網站開價 599 萬出售。

台中豐原區 / 公寓
3 房 1 廳 1 衛

○商網站 111/09
開價 498 萬
○義網站 112/04
開價 599 萬

公　　寓	3/5 樓
主　　建	18.48 坪
附屬建物	1.86 坪
公　　設	4.24 坪
合　　計	24.58 坪

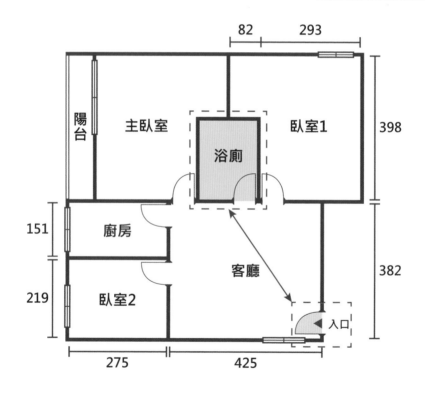

豐原區／三房公寓格局圖（規劃前）

包租公 / 婆 3.0
房型分數 65 分

○商網站 111/09
開價 498 萬
○義網站 112/04
開價 599 萬

建物坪數	24.58 坪
每坪價格約	20.26 萬

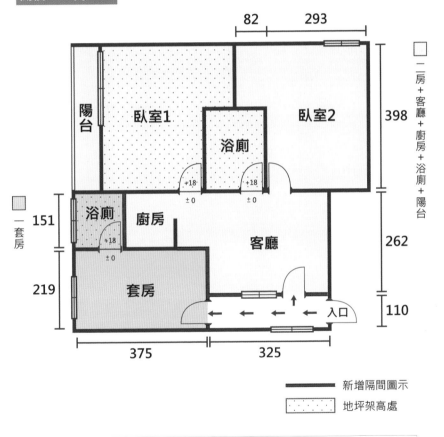

豐原區／公寓二區格局圖（A方案）

📋✅ 評分分析

A 方案（p.57）房型分數評估為 65 分：

「2 房 + 客廳」格局，客廳寬 262cm，長 325cm，加廚房入口走道共約 2.98 坪，廚房無陽台及無開窗各 -5 分，合計 -10 分。

另一套房格局須加建一浴廁，為連通浴廁管線需在另一區主臥室區架高地板，因此會增加裝修費用，房型分數評分 -20 分，無獨立陽台使用再 -5 分，套房評分合計 -25 分。

二區房型分數總計 -35 分，A 方案因分數較低先列入參考備案。

💬 補充說明 >> >> >>

需再加建一浴廁情況下，因馬桶糞管等管路配置施工問題，需要將原浴廁管線與加建浴廁管線連接，因此水電配管範圍地板需墊高至少 18cm 以上。

分區房型評分參考於下篇說明。

包租公／婆 3.0
房型分數 95 分

○商網站 111/09
開價 498 萬
○義網站 112/04
開價 599 萬

建物坪數	24.58 坪
每坪價格約	20.26 萬

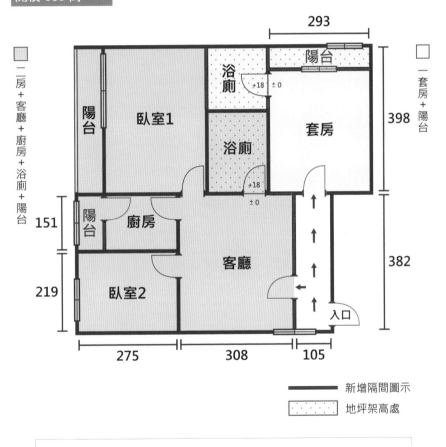

二房＋客廳＋廚房＋浴廁＋陽台

一套房＋陽台

293

陽台

浴廁 +18 ±0

陽台 臥室1

套房

398

陽台 廚房

浴廁 +18 ±0

151

客廳

↑

219 臥室2

382

←

入口

275　　308　　105

—— 新增隔間圖示

地坪架高處

豐原區／公寓二區格局圖（B方案）

📋✓ 評分分析

經下午茶時間再次提筆草圖模擬分析，這次將入口走道改選另一方向嘗試，草圖 B 方案一出結果令人驚豔，房型分數高達 95 分接近滿分。

本戶原格局僅一間浴廁，套房格局需要再加建一浴廁所以 -5 分，B 方案新建浴廁緊鄰原有浴廁（p.59），可以合併連接管路，只有兩間浴廁區地板墊高，其他臥室區及客廳地坪高度不受影響，大大提高使用坪效降低裝修成本。另一區 2 房格局的客廳坪數也增加，相較 A 方案 2.98 坪，B 方案客廳加大至 3.62 坪。

本戶 B 方案有一特色是內縮60cm陽台設計，「2 房＋客廳」格局在廚房區內縮陽台，廚房新增陽台好處是可以洗曬衣物、置放垃圾分類，另一套房臥室區也內縮規劃陽台，一邊可放置小型洗衣機（8~10kg 左右），另一邊則置放水槽。二區各有獨立陽台使用，讓居住功能更加完善，也能增加租金，此規劃設計與傳統裝修希望將陽台外推，增加室內空間方式剛好相反。

以本戶草圖規劃分區經驗，經反覆練習作業確實能在物件中尋找到別人未發現，具有低裝修成本與高報酬的建物，在包租公／婆 3.0 分區租賃市場，走出不一樣的通路。

10 分區房型評分參考

　　包租公／婆 3.0，爲求建物模擬分區後有評分依據，以利決定是否購屋置產，繼續出價斡旋的重要參考，我將分區後所遇到的房型屋況項目列表評分參考（p.62）。

　　此評分表是我主觀訂定，僅供參考沒有絕對標準，項目評分可能會與讀者價值觀認知不同，評分數據會有差異。

　　訂定分區房型評分會清楚顯示，房型分數越高代表更具有投資價值，如 80 分以下，在評斷各項投資成本報酬後，列入參考備案，除建物有特殊條件如房屋爲自有，或購屋成本取得低廉等其他因素，再考慮是否繼續執行物件。

/ 第一章 / 開啟房型密碼

分區房型評分表

-5 分

1. 其中一區未有獨立陽台可使用。

2. 原建物只有 1 浴廁。

3. 廚房無陽台。

4. 廚房無開窗採光。

-10 分

1. 客廳無開窗採光，也未能從廚房採光通透至客廳。

2. 2 房次臥室無開窗採光。

3. 2 房浴廁在其中一臥室內，浴廁未設置在客廳公共區域。

-20 分

1. 增建浴廁，使其中一區室內地坪需要架高地板，形成走道與室內地板有高低落差情形。(浴廁、陽台墊高不扣分)

-30 分

1. 增建浴廁，使全室二區室內地坪需要架高地板。(浴廁、陽台墊高不扣分)

11 以基本坪數發揮最大分區坪效

　　網路媒體報導，北屯區水湳經貿園區總面積達 254 公頃，保留 67 公頃綠色開放空間，形成一個大型貫穿南北的中央公園，並規劃生態住宅社區、國際經貿園區、文化商業區、文教專用區及創新研究園區等五大專用區，並投入相關重大公共工程建設，透過本園區帶動下，擘劃具代表性的新世代智慧城市。

　　水湳經貿園區被視為台中市區最大最後一塊寶地，周邊有公園綠地、商辦住宅、產業園區及逢甲、中國醫藥大學高等學府人口紅利，生活機能豐富，宜居宜業，被譽為全台最漂亮的重劃區。

　　本戶位於台中水湳經貿園區附近華廈，3 房 2 廳 2 衛格局，主建 23.41 坪（p.64），據房仲人員告知本區目前 3 房出租行情已到月租 1.8 萬元（無車位不含管理費），屋主目前（112 年）租給房客月收 1.35 萬元，還有調整租金空間。

台中北屯區 ／ 水湳經貿華廈
3房2廳2衛

華	廈	3/7 樓
主	建	23.41 坪
附屬建物		3.27 坪
公	設	7.33 坪
合	計	34.01 坪

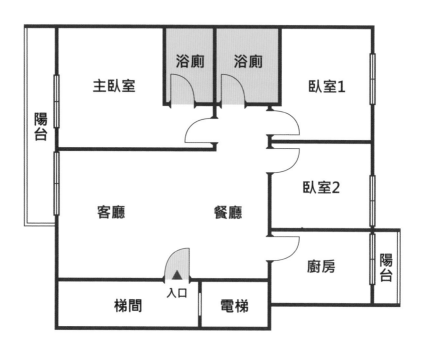

北屯區／水湳經貿三房華廈格局圖（規劃前）

包租公／婆 3.0
房型分數 100 分

建物坪數 34.01 坪

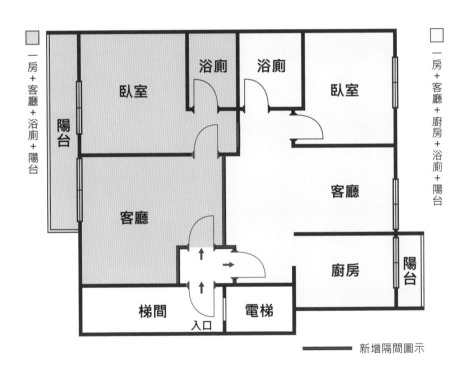

一房＋客廳＋浴廁＋陽台

一房＋客廳＋廚房＋浴廁＋陽台

陽台

臥室

浴廁

浴廁

臥室

客廳

客廳

廚房

陽台

梯間

入口

電梯

━━━ 新增隔間圖示

北屯區／水湳經貿華廈二區格局圖（A 方案）

屋主打算未來與房客終止租賃契約後，準備計畫將本房屋改為二區各 1 房 1 廳格局（p.65）出租，以提高收租報酬率。

評分分析

　　A 方案房型評分 100 分，沒有什麼瑕疵項目可扣分，但還需要拆除右側臥室 2 原有隔間牆，才能改作客廳使用，所以會增加一些拆除成本。

　　初期分區規劃二區一房一廳，右側 1 房 1 廳有廚房所以租金可再提高，在不變動浴廁及廚房格局下，輕裝修後再配置家具，與原 3 房 2 廳 2 衛整層出租，規劃改二區收租金額應可再提高 2 倍以上收入，這是屋主的原訂計畫。

包租公／婆 3.0
房型分數 100 分

建物坪數 34.01 坪

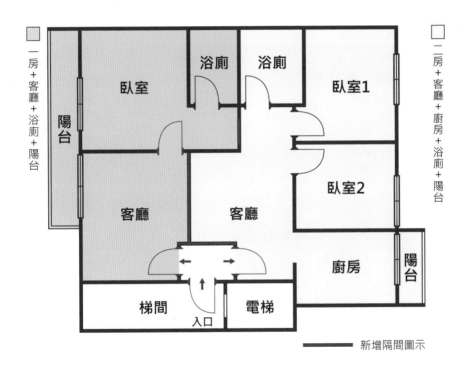

一房＋客廳＋浴廁＋陽台

一房＋客廳＋廚房＋浴廁＋陽台

臥室

浴廁　浴廁

臥室1

陽台

臥室2

客廳　客廳

廚房

陽台

梯間　　電梯

入口

━━━━ 新增隔間圖示

北屯區／水湳經貿華廈二區格局圖（B方案）

／第一章／開啟房型密碼

房型分析

經再提議 B 方案，不拆除臥室 2 隔間牆，只移動另一區臥室入口門位置，於客廳輕隔間裝修後，改為一區「2 房 1 廳」+廚房 + 陽台，另一區維持 1 房 1 廳 + 陽台格局（p.67）。

以 3 房 2 廳 2 衛格局，室內主建 23.41 坪，是能夠實現分出 2 房 1 廳及 1 房 1 廳的基本坪效，在分區後建議兩間客廳長與寬尺寸應不小於 275x300cm（約 2.5 坪），2 房客廳可放置三人座沙發、茶几並留出 TV 牆走道，是較適合的客廳空間尺寸。

評分分析

B 方案房型評分 100 分與 A 方案大致相同，客廳無開窗問題可藉由裝修從廚房採光通透進來，再減少臥室 2 拆隔間牆項目，更節省裝修成本，評估改 2 房 + 客廳 + 廚房格局與 A 方案（各 1 房 1 廳）相較之下，B 方案再新增 1 房間數，租金報酬可再提高，屋主也欣然接受 B 方案提議。

12 2房2廳1衛 3.0

　　北屯區是台中市人口最大的區域，人口數近 30 萬人，交通便利有 74 號快速道路與國道 1 號，也是捷運綠線起始站，近年來陸續開設重劃區，又以十四期開發面積最大，受惠建設項目利多，在水滴經貿園區開發、台中巨蛋及好市多二店進駐議題帶動下，北屯區成為台中市房地產熱區。

　　本戶 4 ／ 5 公寓，2房2廳1衛（p.70），主建物 21.02 坪，沒有公設屬低總價產品，房型可改 3.0 二區 1 房 1 廳 1 衛，適合小資族出租或自住，彈性靈活運用資產。

台中北屯區 / 公寓
2房2廳1衛

○義網站 112/03
開價 498 萬
屋齡 40.3 年

公	寓	4/5 樓
主	建	21.02 坪
合	計	21.02 坪

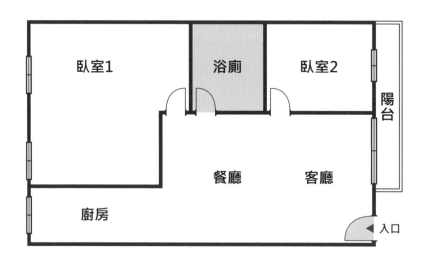

臥室1　　浴廁　　臥室2

陽台

餐廳　　客廳

廚房　　　　　　　　入口

北屯區／二房公寓格局圖（規劃前）

包租公／婆 3.0
房型分數 100 分

○義網站 112/03
開價 498 萬
屋齡 40.3 年

建物坪數	21.02 坪
每坪價格約	23.69 萬

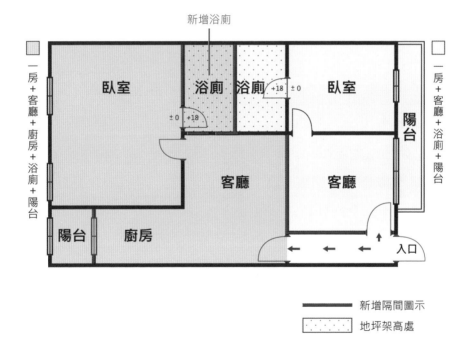

新增浴廁

一房＋客廳＋廚房＋浴廁＋陽台

臥室

浴廁 浴廁 +18 ±0

臥室

陽台

一房＋客廳＋浴廁＋陽台

±0 +18

客廳

客廳

陽台 廚房

入口

━━━ 新增隔間圖示

⋯⋯ 地坪架高處

北屯區／公寓二區格局圖（A方案）

／第一章／開啟房型密碼

🏠✅ 房型分析

本戶大門、浴廁為斜對角，沿著客廳牆面走道新增 L 型分區隔間牆，即可劃分二區格局，原建物浴廁僅有一間，經規劃需在原有浴廁左邊新建一間浴廁（p.71），以滿足 3.0 二區房型獨立使用。廚房部分空間足夠，可再內縮留一處工作陽台，方便洗衣曬衣，以提高生活機能便利性。

在房屋租賃單價坪效計算中，會觀察到一現象，房屋經分區或分間套房後，各單位使用坪數變少，但總租金價格提高。以本戶室內 21.02 坪建物為例，以整層出租通常租金行情變動不大，但將原格局規劃為 3.0 模式出租，各 1 房 1 廳 1 衛，其中一區有廚房空間使用，二區含家具家電全配，以台中北屯區行情，評估租金總額約 3 萬多元，但以原格局 2 房 2 廳 1 衛出租，租金應不超過 2 萬元整。以上舉例，如找到適合簡易分區的 3.0 房型，能提高房屋價值增加租金收益。

包租公／婆 3.0
房型分數 100 分

○義網站 112/03
開價 498 萬
屋齡 40.3 年

建物坪數　21.02 坪
每坪價格約　23.69 萬

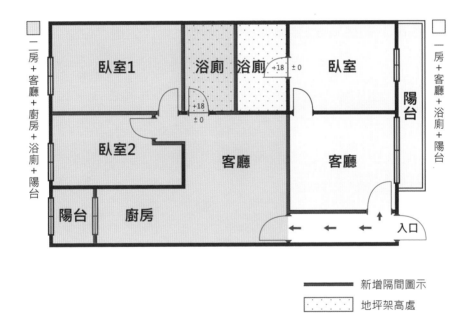

一房＋客廳＋廚房＋浴廁＋陽台

臥室1　浴廁　浴廁　+18　±0　臥室

臥室2　客廳　客廳　陽台

陽台　廚房　入口

一房＋客廳＋浴廁＋陽台

+18　±0

━━━　新增隔間圖示
⋯⋯　地坪架高處

北屯區／公寓二區格局圖（B 方案）

本戶是否為 2 房原始格局，需要去當地政府都發局申請建築使用執照竣工圖，才能瞭解前屋主是否曾自行變更格局。

🏠✅ 房型分析

經再仔細推敲 A 方案格局圖，左側 1 房 1 廳＋廚房的房型調整後，可改為 2 房＋客廳格局（p.73），我們模擬將原有兩窗戶的一大臥室，內凹留出走道，分出 2 間臥室，這樣從 1 房改成 2 房＋客廳，有利於再提高租金或兼自住的房屋價值。

13 3房2廳1衛 3.0

台中大里區 / 公寓
3房2廳1衛

○義網站 112/05
開價 438 萬
屋齡 43.5 年

公　　寓	4/5 樓
主　　建	25.34 坪
合　　計	25.34 坪

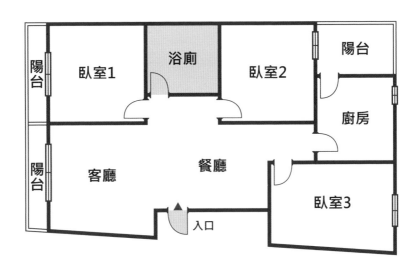

大里區／三房公寓格局圖（規劃前）

據我的觀察，3 房 2 廳 1 衛房型，只有一間浴廁的格局佔了一部分比例，雙北公寓的佔比最高，其次是台中，再往南部遞減，室內一間浴廁的原因可能是建地資源有限，或營造成本考量等因素，尋找 3.0 房型，會遇有 2~3 房格局只有 1 間浴廁的房型，需再新增一間浴廁，在 3.0 模式不大幅變動格局條件及裝修成本投報率考量，如可滿足分兩區使用，也是可以考慮選擇的房屋標的。

📋 房型分析

　　本戶位於台中市大里區 4 ／ 5 公寓，3 房 2 廳 1 衛，主建物 25.34 坪，入口大門與浴廁為中心（p.75），留出走道探 h 型隔間牆劃分二區，利用原浴廁入口公共走道空間，重新規劃成兩間浴廁供二區使用，原臥室 1 及臥室 2 入口改向，即有 1 房 1 廳及 2 房 1 廳各 1 衛（如右圖），且二區空間各有獨立陽台使用。

　　本案例 112 年 5 月在〇義網站銷售，價格篩選條件設定 400~800 萬元，排序為最低總價 438 萬元是第一個售屋物件，我分享這篇 3 房 2 廳 1 衛的 3.0 房型模擬，評估年投報率達 6.5% 以上，我的同行好友曾說，價格是自己所付出的（成本），價值是我們所得的（投報），希望讀者們能夠透過 3.0 模式找到房屋的獨特價值。

包租公／婆 3.0
房型分數 95 分

○義網站 112/05
開價 438 萬
屋齡 43.5 年

建物坪數	25.34 坪
每坪價格約	17.28 萬

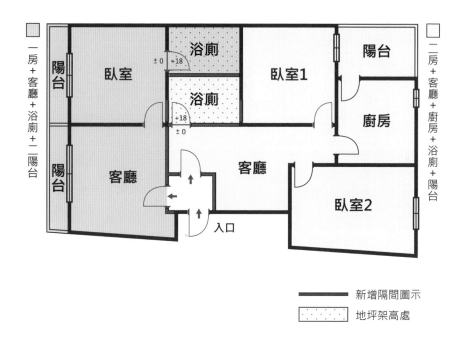

一房＋客廳＋浴廁＋二陽台

陽台

臥室

±0 +18

浴廁

浴廁

+18
±0

客廳

臥室1

廚房

陽台

二房＋客廳＋廚房＋浴廁＋陽台

客廳

臥室2

入口

━━━ 新增隔間圖示
⋯⋯⋯ 地坪架高處

大里區／公寓二區格局圖（規劃後）

14 4房2廳2衛3.0

　　包租公／婆3.0最後撰稿的尾聲，我收到一則來自好友的售屋訊息，好友表示他有一戶位於北屯區，附近有捷運雙鐵站、四維國小與一點利黃昏市場的正四房華廈要出售。詢問我如有想買房的親朋好友可代為轉知介紹，我收到訊息後便立即轉發正在找房的朋友們。

　　本物件是3／9樓的電梯華廈，4房2廳2衛（如右圖），主建物29.05坪，約29年屋齡，建物地段我認為極好，中小學區、公園綠地、重大建設皆有，我不清楚好友售屋動機，我告訴他這房屋是極佳的3.0房型。

房型分析

　　本戶入口大門與兩間浴廁各相對應，浴廁一前一後，一道分區隔間牆加上門片即能分隔1房1廳與3房1廳＋廚房的二區格局（p.80~p.81），完全不用移動兩間浴廁與廚房位置，且廚具設備也剛換新不久，可再降低分區裝修成本。

　　好友表示本社區○心凱旋，3房空屋附車位可租2萬元左右不含管理費，全配家具家電租金可提高為2.5萬元，我告訴他分二區後月租金應可達4萬元以上，為整層出租2萬元租金的兩倍，是一件3.0房型低裝修成本的APPLE物件。

台中北屯區／華廈
4房2廳2衛

數字網站 112/05
開價 1180 萬 (含車位)
屋齡 29 年

華 廈	3/9 樓
主 建	29.05 坪
共同使用	11.45 坪
附屬建物	3.30 坪
地 下 層	0.05 坪
合 計	43.85 坪

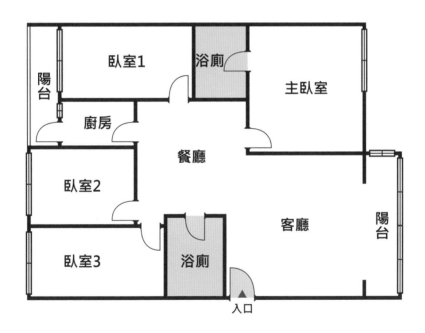

北屯區／四房華廈格局圖（規劃前）

我認為有些準備要處理閒置資產的朋友，在考慮房屋資產應該是要出售獲利了結，還是繼續整層出租每年收取固定租金，在不同時間點考量下各有適合的處理方式。現在有 3.0 模式參考，如果房屋格局能夠簡易裝修分二區收取租金，不外是一個新的選擇，在此樂見我的好友，未來能順利圓滿處理房屋閒置資產。

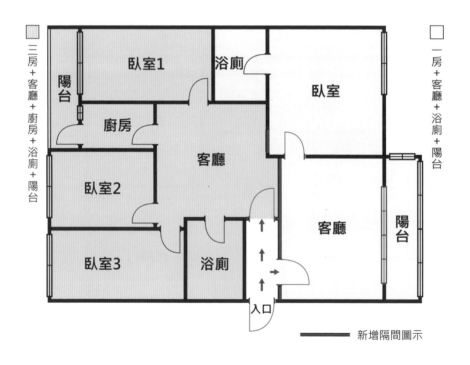

北屯區／華廈二區格局圖（A 方案）

包租公／婆 3.0
房型分數 100 分

數字網站 112/05
開價 1180 萬 (含車位)
屋齡 29 年

建物坪數	43.85 坪
每坪價格約	26.91 萬

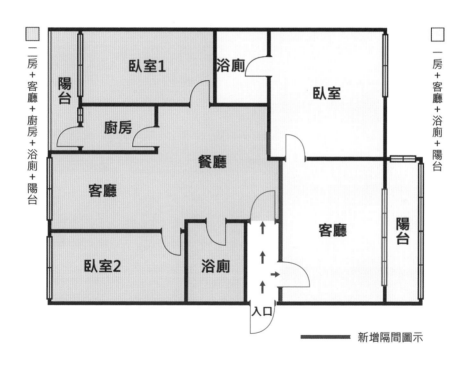

北屯區／華廈二區格局圖（B 方案）

15 三區 100 分房型

　　在一次社團舉辦的登山休閒活動中，我遇到一位同行的設計裝修會員，我稱呼阿鴻先生，他是一位房屋裝修買賣與改套房專家，經手套房有上百戶以上，常與大家分享裝修工程的實務經驗，聊天過程中他提到，最近處理一件由知名建築師所設計的住宅社區，室內 50 坪，改分為三區出租，當下我認為室內 50 坪空間，在充分的條件下分成三區應該可行，但因時間的關係我未再詳問細節。

　　為了要驗證室內 50 坪可分三區的想法，我在線上買屋設定了主建 50 坪左右的大樓，房型條件鎖定在 4 房 3 衛的物件，出現一戶位於台中西屯區五期，靠近市政府捷運站的一棟華廈，建物登記坪數 72 坪，室內主建 46.92 坪，4 房 2 廳 3 衛的格局（如右圖），本戶經模擬評估後，有各項利於分區的條件，是能分出三區的完美房型。以下說明為何看格局圖，就可瞭解本戶是具有分區條件的房型。

1. 大門入口處在房屋兩側中間：容易從大門入口處將空間左右劃分。

2. 三間浴廁分布在室內空間兩側：有利於分區後浴廁需求的規劃，減少新建浴廁的成本。

台中西屯區 / 五期華廈
4房2廳3衛

○義網站 111/11
開價 1980 萬
車位 坡道 / 機械 2 車位

華	廈	6/12 樓
主	建	46.92 坪
附屬建物		6.91 坪
公	設	18.17 坪
合	計	72 坪

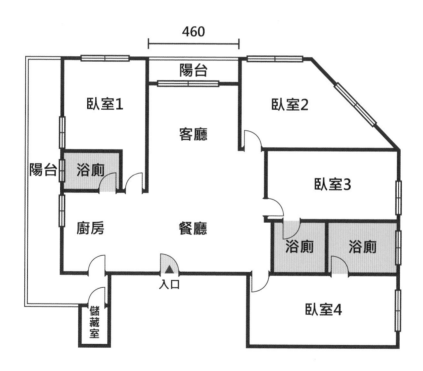

西屯區／五期四房華廈格局圖（規劃前）

/ 第一章 / 開啟房型密碼

3.兩處陽台位置分開：可規劃給兩區使用。

📋 房型分析

依前面所述有利於分區的條件，在入口處簡易新增分區隔間牆留出通道，由原客廳及餐廳空間分為左右二區，在房屋格局右下處原臥室 4 規劃成一區大套房，即分成三區的空間格局（如右圖）。

因原有客廳空間坪數大，面寬 460cm，可分別規劃出一間臥室及另一區廚房，再將原餐廳區分出左右兩區客廳，位於左右的兩間浴廁，只需將門片入口位置轉向公共走道，即可完成二區規劃，最後將右下處原臥室 4 的空間規劃內縮陽台，即可成一大套房，充分利用本戶主建 46.92 坪的坪效。

草圖規劃後，我第一時間通知本案經紀人，告知本戶房型可改為三區使用，是我尋找的 100 分理想房型，並會將本戶寫入包租公／婆 3.0 書內分享此案例。

經本篇案例介紹，除前一篇北屯區 4 房 2 廳舉例的中小坪數建物外，也可特別留意 4 房 3 衛格局的中大坪數物件，透過本書分享，讓讀者能解析格局密碼，規劃出具有高報酬的 3.0 房型。

包租公／婆 3.0
三區房型分數 100 分

○義網站 111/11
開價 1980 萬
車位 坡道／機械 2 車位

建物坪數	72 坪
每坪價格約	27.5 萬

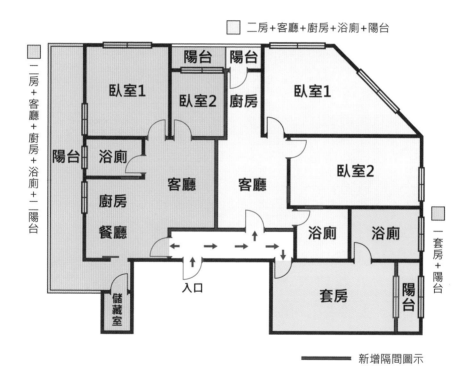

□ 二房+客廳+廚房+浴廁+陽台

□ 二房+客廳+廚房+浴廁+二陽台

□ 一套房+陽台

陽台

臥室1

臥室2

廚房

陽台 陽台

臥室1

臥室2

浴廁

客廳

客廳

浴廁 浴廁

廚房

餐廳

入口

套房

陽台

儲藏室

━━ 新增隔間圖示

西屯區／五期華廈三區格局圖（規劃後）

本戶承辦經紀人告知，目前房屋出租中，我詢問月租金多少，經紀人回覆他未詢問，屋主也無主動告知。另外我有一想法，假如今天屋主知道他的房屋格局可改為三區出租，不知道屋主是否還會選擇將房屋出售，如果換成是我們遇到這個問題，又將會如何評估考慮。

　　本戶房型經分析，不僅能分三區也可以改二區出租，二區各 2 房＋客廳＋廚房的格局，且本戶擁有兩個車位，是理想的分區條件。

　　與分三區格局相比，一樣由原客廳與餐廳區劃分左右二區，但不需要另隔出一套房，會再減少大門入口走道的長度，因此右側房型空間便會增加，並同時擁有三間臥室。根據以上臥室數量，可規劃以下兩種分區方案。

房型分析

　　本戶 A 方案（如右圖），規劃左側 2 房＋客廳＋廚房房型不變，另一區將右上角間臥室改作客廳，客廳在角落處內縮作一陽台，這樣的規劃不僅改善格局不方正的問題，再加一陽台空間使得居住機能更加完善。

包租公／婆 3.0
二區房型分數 100 分

○義網站 111/11
開價 1980 萬
車位 坡道／機械 2 車位

建物坪數	72 坪
每坪價格約	27.5 萬

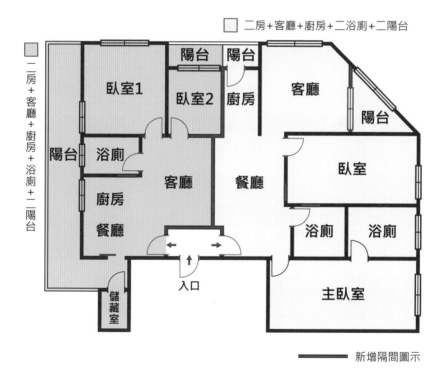

□ 二房+客廳+廚房+二浴廁+二陽台

一二房+客廳+廚房+浴廁+二陽台

陽台
陽台
陽台
臥室1
臥室2
廚房
客廳
陽台
浴廁
客廳
餐廳
臥室
廚房
餐廳
浴廁
浴廁
儲藏室
入口
主臥室

■■■ 新增隔間圖示

西屯區／五期華廈二區格局圖（A 方案）

／第一章／開啟房型密碼

🏠✅ 房型分析

　　本戶 B 方案（如右圖），左側 2 房＋客廳＋廚房房型規劃不變，另一區選擇居中的臥室改作客廳，雖然需拆隔間牆但公用浴廁門不須轉向，相對會減少浴廁門更改的裝修成本。

　　本戶因格局與坪數較大，規劃 3.0 房型有變通的選擇。

　　室內大坪數 4 房格局如改二區出租，相對三區可再降低裝修及管理成本，也是不錯的選擇，但二區與三區的租金收入投報率差距也需要考量，根據每個人的投資期待不同，可以從多個面向仔細評估，以求得房屋最高的價值。另外有好友表示，3.0模式適合三代同堂，一區由小家庭使用，另一區由長輩居住，同層分區各有獨立的客廳公用空間，可供三代同堂的家庭參考。

補充說明 》》 》》》

　　　本篇模擬三區、二區 100 分房型，是以模擬實驗參考為主，本戶因涉及客廳陽台落地窗變更，除應依當地政府法令規定辦理外，應受該公寓大廈規約或區分所有權人會議限制。

包租公／婆 3.0
二區房型分數 100 分

○義網站 111/11
開價 1980 萬
車位 坡道／機械 2 車位

建物坪數	72 坪
每坪價格約	27.5 萬

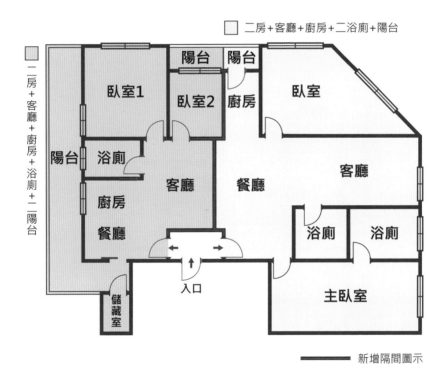

□ 二房+客廳+廚房+二浴廁+陽台

□ 二房+客廳+廚房+浴廁+二陽台

陽台　陽台

臥室1　臥室2　廚房　臥室

陽台　浴廁　客廳　餐廳　客廳

廚房

餐廳　浴廁　浴廁

儲藏室　入口　主臥室

── 新增隔間圖示

西屯區／五期華廈二區格局圖（B方案）

台北北投區／公寓
4房2廳2衛

○義網站 112/04
開價 1150 萬
屋齡 41.9 年

公	寓	5/5 樓
主	建	32.29 坪
陽	台	4.19 坪
合	計	36.48 坪

北投區／四房公寓格局圖（規劃前）

包租公／婆 3.0
房型分數 100 分

○義網站 112/04
開價 1150 萬
屋齡 41.9 年

建物坪數　36.48 坪

每坪價格約　31.52 萬

一房＋客廳＋浴廁＋陽台

二房＋客廳＋廚房＋浴廁＋陽台

浴廁　浴廁　臥室1

陽台

臥室　臥室2

陽台

廚房

客廳

客廳

入口

新增隔間圖示

北投區／公寓二區格局圖（規劃後）

新北新店區／公寓
3房2廳2衛

○義網站 112/05
開價 850 萬
屋齡 41.6 年

公	寓	5/5 樓
主 建		25.57 坪
陽 台		7.57 坪
合 計		33.14 坪

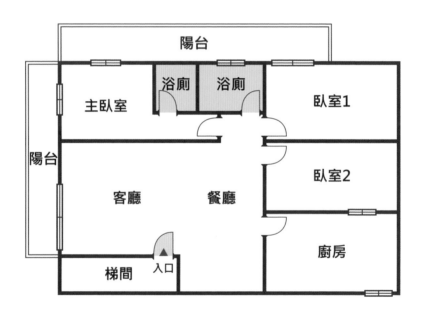

新店區／三房公寓格局圖（規劃前）

包租公 / 婆 3.0
房型分數 95 分

○義網站 112/05
開價 850 萬
屋齡 41.6 年

建物坪數	33.14 坪
每坪價格約	25.65 萬

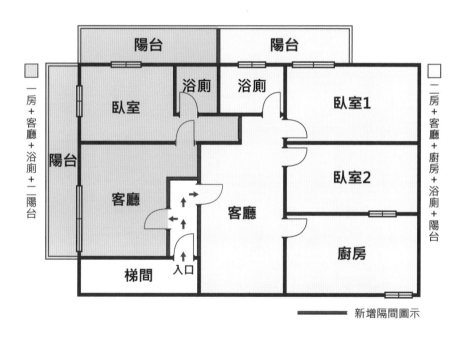

新店區／公寓二區格局圖（規劃後）

新北新莊區 / 公寓
3房2廳2衛

○義網站 112/04
開價 998 萬
屋齡 34.3 年

公　寓	4/5 樓
主　建	26.9 坪
陽　台	3.33 坪
花　台	0.39 坪
共有部分	3.04 坪
合　計	33.66 坪

新莊區／三房公寓格局圖（規劃前）

包租公／婆 3.0
房型分數 100 分

○義網站 112/04
開價 998 萬
屋齡 34.3 年

建物坪數	33.66 坪
每坪價格約	29.65 萬

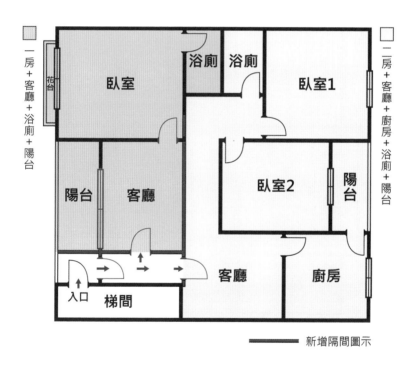

一房＋客廳＋浴廁＋陽台

二房＋客廳＋廚房＋浴廁＋陽台

花台

臥室

浴廁　浴廁

臥室1

陽台　客廳

臥室2

陽台

客廳

廚房

入口　梯間

━━━ 新增隔間圖示

新莊區／公寓二區格局圖（規劃後）

新北土城區／公寓
3房2廳1衛

◯義網站 112/04
開價 998 萬
屋齡 44.7 年

公	寓	2/4 樓
主	建	22.31 坪
合	計	22.31 坪

臥室1　浴廁　臥室2

餐廳　廚房

客廳

凸窗

入口　臥室3　陽台　凸窗

梯間

土城區／三房公寓格局圖（規劃前）

包租公／婆 3.0
房型分數 90 分

○義網站 112/04
開價 998 萬
屋齡 44.7 年

建物坪數	22.31 坪
每坪價格約	44.73 萬

一房＋客廳＋浴廁

二房＋客廳＋廚房＋浴廁＋陽台

浴廁 ±0 +18

卧室

卧室1

浴廁 +18 ±0

客廳

廚房

凸窗

客廳

卧室2

陽台

凸窗

入口

梯間

新增隔間圖示

地坪架高處

土城區／公寓二區格局圖（規劃後）

／第一章／開啟房型密碼

高雄三民區 / 公寓
4房2廳2衛

○義網站 112/05
開價 628 萬
屋齡 41.3 年

公	寓	4/5 樓
主	建	31.33 坪
陽	台	3.42 坪
合	計	34.75 坪

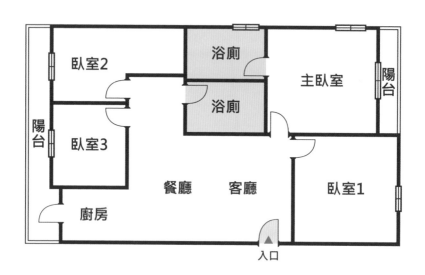

三民區／四房公寓格局圖（規劃前）

包租公／婆 3.0

房型分數 100 分

◯義網站 112/05

開價 628 萬

屋齡 41.3 年

建物坪數	34.75 坪
每坪價格約	18.07 萬

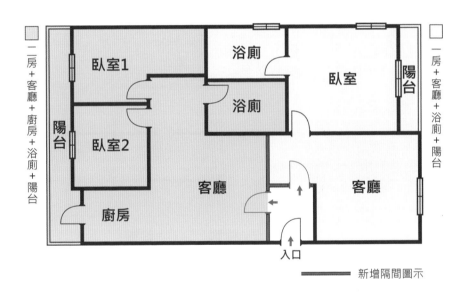

一房＋客廳＋廚房＋浴廁＋陽台

臥室1

浴廁

臥室

陽台

陽台

浴廁

臥室2

客廳

客廳

廚房

一房＋客廳＋浴廁＋陽台

入口

新增隔間圖示

三民區／公寓二區格局圖（規劃後）

／第一章／開啟房型密碼

高雄前鎮區 / 大樓
3房2廳2衛

○義網站 112/04
開價 630 萬
屋齡 28.5 年

大　　樓	12/12 樓
主　　建	31.24 坪
陽　　台	4.72 坪
共有部分	11.99 坪
合　　計	47.95 坪

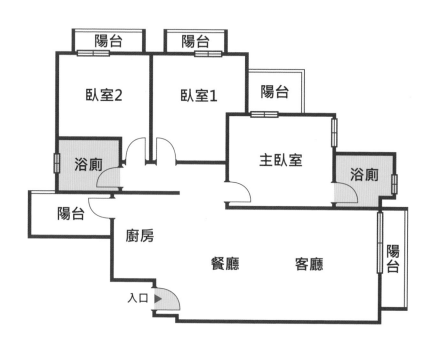

前鎮區／三房大樓格局圖（規劃前）

包租公／婆 3.0
房型分數 100 分

○義網站 112/04
開價 630 萬
屋齡 28.5 年

建物坪數	47.95 坪
每坪價格約	13.14 萬

一房＋客廳＋廚房＋浴廁＋二陽台

陽台　　陽台

臥室2　　臥室1　　陽台

浴廁　　　　　臥室　　浴廁

陽台　　　　　　　　　　　　　　陽台

廚房　客廳　　　客廳

入口 →　→　→　→

一房＋客廳＋浴廁＋二陽台

▬▬▬ 新增隔間圖示

前鎮區／大樓二區格局圖（規劃後）

／ 第一章 ／ 開啟房型密碼

高雄小港區／公寓
3房2廳2衛

○義網站 112/04
開價 598 萬
屋齡 38.9 年

公 寓	3/5 樓
主 建	33.28 坪
陽 台	2.17 坪
共有部分	4.40 坪
合 計	39.85 坪

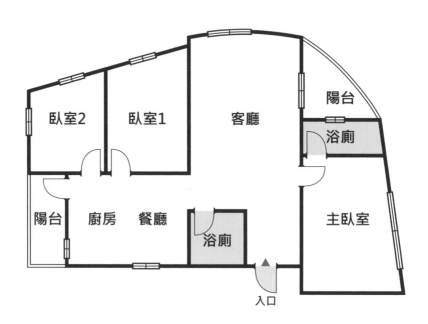

小港區／三房公寓格局圖（規劃前）

包租公 / 婆 3.0
房型分數 100 分

○義網站 112/04
開價 598 萬
屋齡 38.9 年

建物坪數	39.85 坪
每坪價格約	15.01 萬

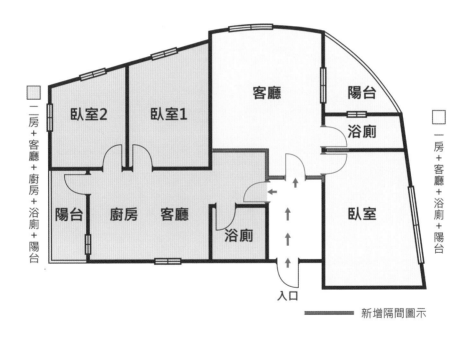

小港區／公寓二區格局圖（規劃後）

17 不利分區房型 （一）

　　本章因篇幅有限，無法一一介紹 3 房 2 廳 2 衛不利分區的房型。我上網搜尋幾個常見不利分區但仍可分區的裝修案例，提供讀者參考。

　　仍可分區因涉及其中一間浴廁有移動改建的需求，配合水電管路施工需要架高地板，3.0 模式裝修是以降低裝修成本為優先考量，但如果遇特殊情形，如房屋為自有或取得成本低廉，評估後可接受增加的裝修成本，再繼續執行裝修作業。

　　本案例房型從梯間入口進入陽台，由落地窗進入客廳（涉及外牆變更），此房型因入口大門與兩間浴廁在同一側方向（如右圖），分區後上半部 2 房＋客廳區無浴廁，需要移動浴廁位置無法簡易劃分兩區使用，增加拆除、泥作、水電等相關工程，還須將部分地坪架高地板。尋找 3.0 分區標的，遇到此種不利分區格局，建議留存備案，另再找下一建物以免增加裝修成本。

不利分區房型（一）
3房2廳2衛

○ 義網站 111/10

建　坪	34.68 坪
主 ＋ 陽	25.11 坪

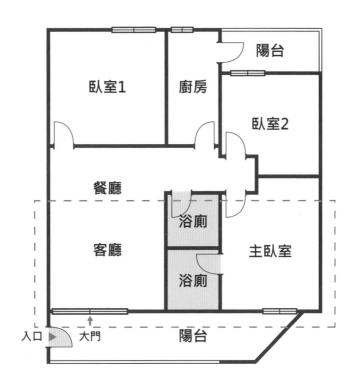

臥室1　廚房　陽台　臥室2　餐廳　浴廁　客廳　主臥室　浴廁　入口　大門　陽台

不利分區格局圖／大門與浴廁同側

好友詢問如遇此房型格局，仍要分區是否可行，我的回答是工程技術可行，但會增加裝修成本費用，因增建浴廁，需與原浴廁馬桶糞管等水電管路相接，地板需要架高至少 18cm 以上（視配管長度距離），1 房 1 廳臥室走道與客廳地坪會有高低落差，室內步行空間有階梯產生的情形。

評分分析

此房型分區後（如右圖），2 房＋客廳＋廚房房型在公共走道右側新建一浴廁，需要與原有浴廁管路銜接，一房＋客廳房型室內地坪需要架高，因此房型分數 -20 分，本房型分數為 80 分。

補充說明　>>　>>>

仍可分區室內地坪架高處理方式：

因分區需要新建一浴廁，馬桶糞管等水電管路只經過 1 房 1 廳區域，因此地坪架高區涵蓋臥室及走道區，並不影響 2 房＋客廳區域，如可接受增加裝修成本，本房型是仍可分區的案例參考。

不利分區房型（一）
房型分數 80 分

● 義網站 111/10

建　坪	34.68 坪
主 ＋ 陽	25.11 坪

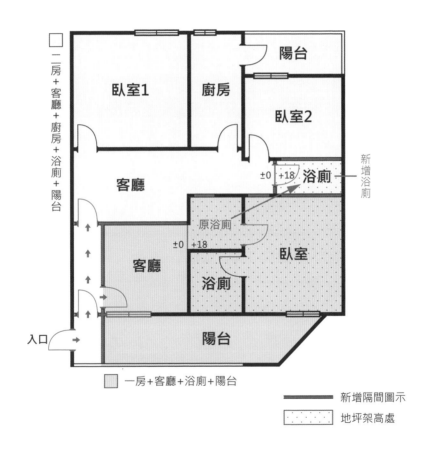

二房＋客廳＋廚房＋浴廁＋陽台

臥室1

廚房

陽台

臥室2

客廳

新增浴廁

±0 +18　浴廁

原浴廁

±0 +18

臥室

浴廁

客廳

入口

陽台

一房＋客廳＋浴廁＋陽台

━━━　新增隔間圖示

∴∵∴　地坪架高處

不利分區格局圖／參考一

／第一章／開啟房型密碼

18 不利分區房型（二）

    本房型從梯間入口進入陽台，室內大門在房屋中間，模擬分區以大門爲中心，將空間格局劃分成上下兩區（如下圖、右圖），但本房型分區後浴廁皆在同一側，另一區 2 房房型需要新建一間浴廁才能使用，並且二區都要地坪架高，我認爲考量增加的裝修成本，在評估投報率後，只有自己最清楚仍要分區裝修，是否符合收租報酬期待。

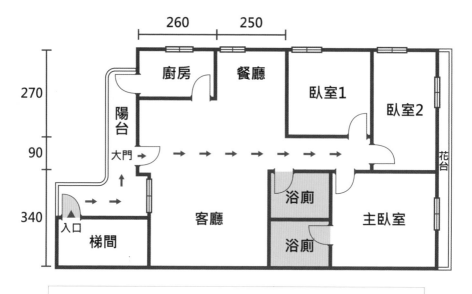

不利分區格局圖／浴廁在大門右側

不利分區房型（二）
3房2廳2衛

◯義網站 111/10

建　坪	38.91 坪
主 ＋ 陽	28.43 坪

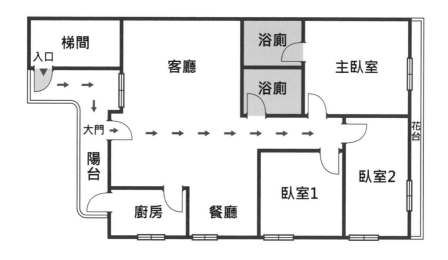

不利分區格局圖／浴廁在大門左側

以本篇不利分區格局仍要做出分二區的房型，需要移動新建一浴廁，馬桶糞管等水電管路會路經二區公共區域，因此地坪架高區涵蓋二區範圍（A方案），會大幅增加裝修成本，房型分數 -30 分。

建議讀者先排除不利分區房型，再另尋找其他建物，除非本戶具有特別條件，如房屋為自有或取得成本低廉等因素可再繼續執行。

評分分析

仍要分區房型分數，因新建浴廁管路銜接問題，地坪架高區涵蓋二區範圍，所以 -30 分，另一區 1 房 + 客廳房型無獨立陽台使用 -5 分，房型分數為 65 分。

二房+客廳+廚房+浴廁+陽台

一房+客廳+浴廁

圖說不利分區格局圖／參考二（A方案）

會有讀者反應另一區 2 房＋客廳，移動新建浴廁地板架高，可規劃在公共走道區（B 方案），左側客廳與右側臥室區不架高地板，這樣比較節省全區架高地板在同一水平施工的費用，我認為這樣的作法也可行，可能年輕人較能接受室內走道與客廳、臥室有高低落差，有些隔間套房是採取這種工法，但是室內走道有階梯的空間，會排除有小孩的家庭或有長輩居住族群的可能。

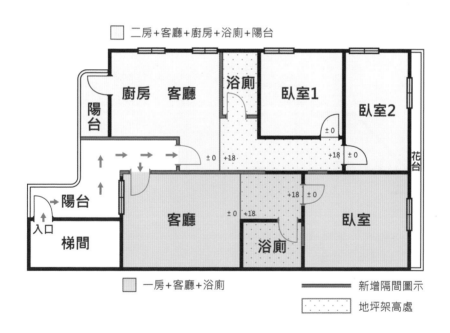

不利分區格局圖／參考二（B 方案）

　　我利用起源篇台中南區興大華廈（一），大門入口與兩間浴廁正面相對的特殊格局（如下圖），模擬不利分區房型會產生什麼樣的格局規劃結果。

不利分區房型（三）
3房2廳2衛

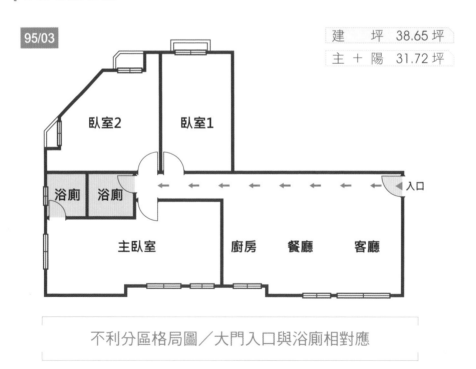

95/03

建　坪	38.65坪
主 ＋ 陽	31.72坪

不利分區格局圖／大門入口與浴廁相對應

本房型如仍要分區，需從大門入口延伸走道，分左右兩區（p.114），右側 1 房 1 廳需要再新增建一浴廁才能使用。

1 房 1 廳房型，需要利用原有廚房位置，規劃增加一間浴廁及陽台，因水電管路配置需要從原有公用浴廁銜接施工，管線位置會經過另一區 2 房 + 客廳房型的主臥室及廚房，因此這兩空間需要再架高地板施工。

📋 評分分析

A 方案仍要分區房型分數，2 房房型的主臥室及廚房地坪需要架高，因此 -20 分，分數為 80 分。

／第一章／開啟房型密碼

不利分區房型（三）

房型分數 80 分

95/03

建　坪　38.65 坪
主 ＋ 陽　31.72 坪

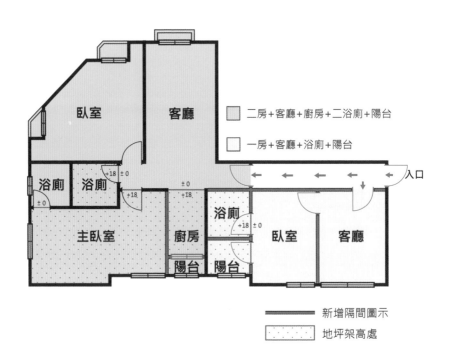

卧室　　客廳

二房+客廳+廚房+二浴廁+陽台

一房+客廳+浴廁+陽台

浴廁　浴廁　+18 ±0　±0　　入口

±0　+18　　+18　　浴廁

主卧室　廚房　+18 ±0　卧室　客廳

陽台　陽台

新增隔間圖示

地坪架高處

不利分區格局圖／參考三（A方案）

不利分區房型／參考三
房型分數 85 分

95/03

建　坪　38.65 坪
主　＋　陽　31.72 坪

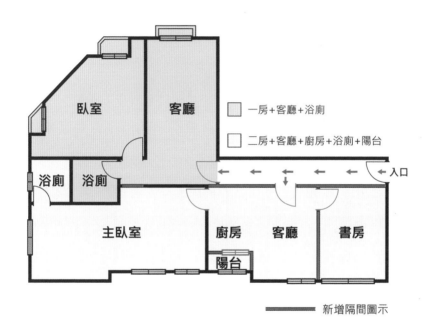

臥室
客廳
浴廁
浴廁
主臥室
廚房
客廳
書房
陽台
入口

一房+客廳+浴廁

二房+客廳+廚房+浴廁+陽台

新增隔間圖示

不利分區格局圖／參考三（B 方案）

繼續模擬從大門入口沿著牆面留出走道，採取上下分區的規劃設計，B 方案上下分區並不需要移動新建浴廁架高地板，保留各空間完整格局，只需要在廚房與主臥室留出門片通道，與客廳串聯，並在右側客廳空間隔出書房，成為 1 房 +1 書房的兩房分區空間。另一區 1 房 1 廳拆除原臥室 1 隔間牆成為客廳，即為 1 房 + 客廳的分區空間（p.115），以最少花費達成 3.0 模式簡易裝修劃分二區。

📋✅ 評分分析

　　B 方案仍要分區房型分數，2 房房型的浴廁在主臥室內 -10 分，另外 1 房房型沒有陽台使用 -5 分，分數為 85 分。

　　因 2 房 + 客廳房型的浴廁在主臥室，客廳區無公共浴廁使用，所以租客群會被排除兄弟姊妹、好友、同事共同承租的族群，但另外也會有一人居住 2 房 + 客廳的商務人士客群承租使用。

20 透天住宅 3.0

　　透天住宅建物在各地區，都有特定族群投資買賣或收租使用，一般中古屋透天住宅，取得管道除了法拍建物外，透過房屋仲介、親友推薦或網路線上看屋，都有機會找到具有投資價值的建物。

　　透天住宅擁有較大的居住空間，屋內採光及通風好，沒有公設比和管理費等問題，透天因土地完全持有增值性高，總價自然比公寓大樓高出許多。早期透天住宅投資置產一段時間後再轉手出售大都能獲利，因此透天產品雖然總價高但依舊是熱門的買賣標的。

　　據我觀察，大樓車道沖等風水瑕疵的透天住宅，自住客乏人問津，但往往是投資客收購的目標，因為風水瑕疵的關係，房屋成交價格會比市場行情再打 8~9 折，取得成本降低，整棟改建套房出租報酬率高。

　　一般透天住宅，面寬約 4 米左右，深度至少 12 米以上（視地坪面積大小），房型格局較深長，樓梯位置大多規劃在房屋中間。

　　傳統規劃模式自然是分為前後各一間套房使用，三層樓即可分為六間套房出租，有些投資客甚至在頂樓加蓋，增加前後各一間套房，再多設置兩套房收租。

透天住宅大部分是長方形建物，上下樓層的樓梯以「ㄇ型樓梯」與「L型樓梯」樣式為主，是較常見的營造模式，本篇以這兩型式的樓梯為例，說明 3.0 模式在透天住宅規劃的房型參考。

右圖為「ㄇ型樓梯」透天住宅平面示意圖。

一樓及二樓房屋前半部，房型比較深長，室內空間足夠，建議採 1 房＋客廳格局，後半部自然是套房格局；最上樓層則規劃 2 房＋客廳＋廚房物件，適合小家庭及共同合租的族群使用，只需一間公共浴廁，可降低裝修成本，以上規劃區隔傳統套房出租模式創造差異化。

另外留意各樓層空間是否都能留出陽台，一般改建套房模式，部分沒有獨立陽台，洗衣機通常放置在室內或浴廁，前幾篇案例提到室內空間如足夠，可將室內空間內縮寬度至少 60cm，規劃出獨立陽台，讓居住機能更加完善。

包租公／婆 3.0
透天住宅／ㄇ型樓梯

□ 一套房＋陽台

▨ 一房＋客廳＋浴廁＋陽台

一樓示意圖

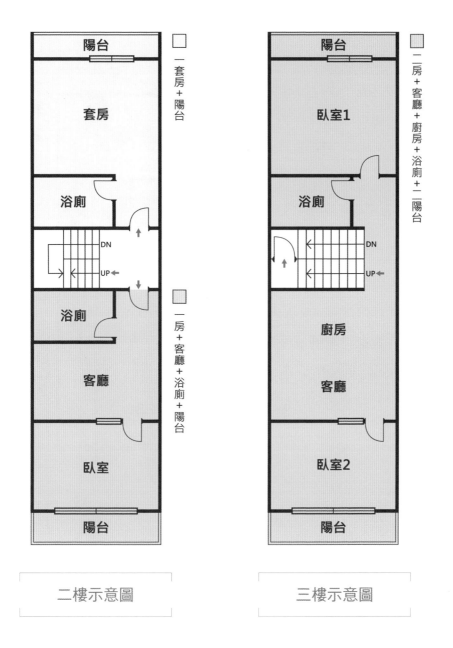

陽台

套房

浴廁

DN
UP

浴廁

客廳

臥室

陽台

一套房＋陽台

一房＋客廳＋浴廁＋陽台

陽台

臥室1

浴廁

DN
UP

廚房

客廳

臥室2

陽台

一房＋客廳＋廚房＋浴廁＋二陽台

二樓示意圖

三樓示意圖

／ 第一章 ／ 開啟房型密碼

右圖爲「L 型樓梯」透天住宅平面示意圖。

建議在一樓大門入口處，留出至少 105cm 寬度走道，這對其他樓層的住戶來說，是比較友善的通行空間。

傳統三樓透天住宅與上一篇規劃模式大致相同，一、二樓前半部如空間長度足夠，建議規劃 1 房 1 廳格局，後半部空間因坪數較少關係只能隔出一套房，最上一層樓建議規劃成 2 房 + 客廳 + 廚房格局，提供給小家庭使用，並依適當位置留出陽台空間。

包租公 / 婆 3.0
透天住宅 / L 型樓梯

陽台

套房

浴廁

UP

浴廁

客廳

臥室

陽台

105

一套房 + 陽台

一房 + 客廳 + 浴廁 + 陽台

一樓示意圖

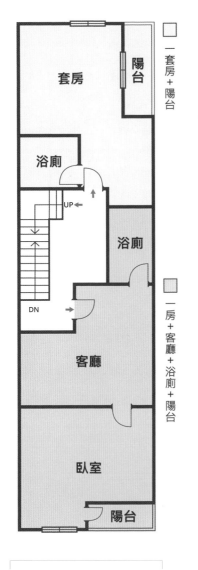

套房

陽台

一套房＋陽台

浴廁

UP

浴廁

DN

一房＋客廳＋浴廁＋陽台

客廳

臥室

陽台

二樓示意圖

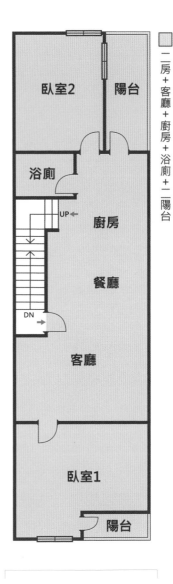

臥室2

陽台

二房＋客廳＋廚房＋浴廁＋二陽台

浴廁

廚房

UP

餐廳

DN

客廳

臥室1

陽台

三樓示意圖

／第一章／開啟房型密碼

最近我好友的先生和弟弟剛繼承了一棟三樓透天住宅，長輩在離世前交代他們兄弟，單身的妹妹（好友的小姑）可以繼續住在房屋裡，因爲兄弟早已成家立業，已在外自行購買大樓居住，並未與長輩同住透天住宅，所以長輩離世後，房屋只剩妹妹（好友的小姑）獨自居住。

因爲房屋僅剩一人使用，兄弟姊妹一起協商，參考將房屋改爲 3.0 模式，由小姑自行選擇其中一間 1 房 1 廳居住，最上層三樓改爲 2 房＋客廳＋廚房空間，留由家人共同使用，其餘三間套房出租，收益所得用來維護房屋所需成本，家人最後取得共識，解決房屋空房閒置問題。

有網友於網路提出問題，關於透天住宅是要選擇繼續居住，還是出售或改建套房出租，再另外購買新大樓居住，類似的問題因爲不清楚提問網友的資產現金流情況，無法提供合適的意見。

如果以保守漸進方式，可以參考 3.0 透天房型，以自住兼收租模式處理，待一段時日準備好新大樓的頭期款，再購買新家改居住大樓，後續對於 3.0 透天住宅的處理，不論是繼續出租或是出售房屋，都可以減輕新大樓房貸的負擔。

以上敍述說明，爲解決房屋閒置資產的問題，包租公／婆 3.0 模式，可收租兼自住以活化資產，房屋出租後可自行管理或另外委託專業公司包租代管或代租代管，房東只管收取租金，就可解決房屋租賃管理的問題。

21 隱藏版 APPLE 物件

　　想要尋找具有高報酬的房屋物件，除了自行線上看屋搜尋標的外，經由房仲經紀人介紹也是取得的管道之一。有些物件資料因有其他原因還未公開，或是房仲公司遇假日資料來不及上傳等，以致未及時上線賣屋，有經紀人會透過手機先傳遞售屋資訊給買方熟客，因此與您的房仲顧問建立長期往來的買賣方關係，便能在第一時間掌握最新的物件，優先獲得還未上線售屋的訊息，搶得先機評估物件，決定是否投資買賣獲取報酬的機會。

　　某日收到一則來自房仲經紀人的訊息，是一戶位於台中市北區天津路服飾商圈，40 年三樓公寓要出售的資訊，還有房仲人員繪製的格局草圖（p.124），這是還未上線售屋的隱藏版物件。此物件開價 798 萬，建坪 37.05 坪，格局 3 房 2 廳 2 衛，一收到格局草圖我直覺是 3.0 APPLE 物件，居住在台中市的讀者，大部分都知道「吃在北平路，穿在天津路」，說明天津路服飾商圈便利的生活機能，每逢過年過節或是有重大節慶，這裡都會舉辦封街活動，是北區熱鬧的商圈之一。

在尋找包租公／婆 3.0 的分區物件時，鎖定您熟悉的區域，或是您認為具有投資價值的潛在商圈，並與房仲經紀人建立良好的往來關係，雖然上班族沒有投資客頻繁的買賣經驗及資源，但只要我們專心耕耘目標區，再經過自行練習評估上網搜尋，就能取得先機，發現 3.0 APPLE 物件的機會。

下一篇以天津路服飾商圈三樓公寓格局草圖為練習題一，透過前面的案例分享，讓讀者瞭解如何劃分二區的基本概念後，接下來一起實際草圖練習規劃分區格局。

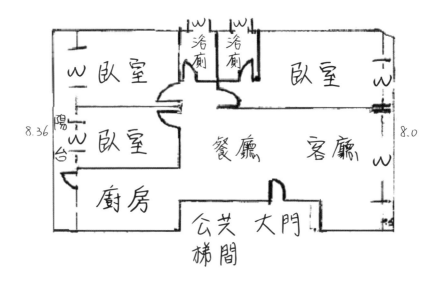

天津路三樓公寓格局草圖

22 分區練習題

　　本篇練習題共四題，有興趣的讀者，可藉由本書前面的案例分享，試著草圖規劃分出兩區房型，勾勒出自己滿意的格局，說不定會創造出與解答不同的分區方式（解答於 p.250~p.253）。

　　以下為分區的重點提示：

　　1. 注意浴廁與大門位置相對關係。

　　2. 以不變動浴廁及廚房位置為原則。

　　3. 減少拆除隔間牆。

　　4. 可將臥室／浴廁入口門片位置轉向。

　　5. 陽台不外推。

　　根據以上提示，相信您都能順利解答，且在未來線上看屋時，藉由看格局圖模擬練習，就能馬上發現您要尋找的 3.0 建物。

/ 第一章 / 開啟房型密碼

包租公 / 婆 3.0
分區練習題一

○義網站 111/09
格局 3 房 2 廳 2 衛

建 坪	37.05 坪
主 ＋ 陽	37.05 坪

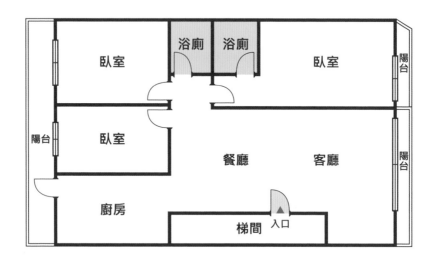

分區練習題一

包租公 / 婆 3.0
分區練習題二

○ 義網站 111/10
格局 4 房 2 廳 2 衛

建　坪　42.72 坪
主 ＋ 陽　33.26 坪

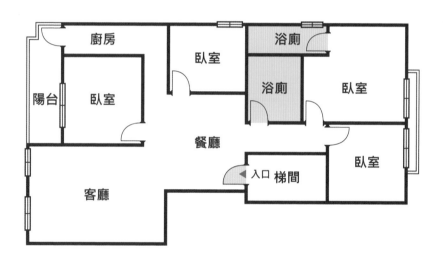

分區練習題二

包租公／婆 3.0
分區練習題三

○義網站 111/10
格局 3 房 2 廳 2 衛

建　　坪	31.6 坪
主＋陽	31.6 坪

陽台　臥室　浴廁　浴廁　臥室

臥室　廚房　餐廳　客廳

梯間

入口 ▶

分區練習題三

包租公／婆 3.0
分區練習題四

○ 義網站 96/02
格局 3 房 2 廳 2 衛

建　坪　37.78 坪
主 ＋ 陽　31.08 坪

浴廁　浴廁　臥室2　陽台

主臥室　廚房

客廳　餐廳　臥室1

入口

分區練習題四

　／第一章／開啟房型密碼

23 本章總結

　　包租公／婆 3.0 起源於多年前在一次出差路途中,因緣際會發現一件售屋廣告,進而購屋置產開啟我進入房地產的領域,當時為了不想大興土木改建套房,心想有什麼方式可以降低裝修成本、提高租金報酬的規劃方法,因房屋位置在大學附近,所以設定租客為學生族群,於是順應房屋原有格局,簡易分間 5 房＋客廳＋廚房,給一群同班大學生共同使用,規劃方式有別於當時流行改隔間套房的想法,出租後也證明並不需要增加裝修成本改隔套房,也能提升租金收益。

　　隨著網路的興起,影響了現代人們生活食衣住行育樂的網路購買行為,電腦與手機提升各行業的行銷與購買效率,尤其是在房地產房屋買賣領域,善用網路工具取得資訊,往往能贏得先機獲得好物件。

　　本書以室內設計角度分享讀者劃分二區的方法,輔以房型評分參考,擴及說明 2 房 2 廳 1 衛、3 房 2 廳 1 衛、4 房 2 廳 2 衛及透天住宅的 3.0 房型,另外再收錄雙北市及高雄市 3.0 房型的物件模擬分享,讓未來準備當包租公／婆的您多一項參考選擇。

尋找合適的 3.0 分區建物能減少管理戶數、降低裝修成本及投資風險，但也要付出尋找的時間成本。本章總結簡單的說，就是將公寓、大樓 3 房 2 廳 2 衛的房型劃分二區，以「大門、浴廁爲中心」及「大門、浴廁爲斜對角」的劃分方法，在不變動浴廁與廚房位置下，將原有餐廳位置更改爲其中一區的「客廳」，簡易分區減少拆牆成本。

　　另外可以注意 2 房 2 廳及 4 房 2 廳的格局，也能在網路售屋中找到隱藏的 3.0 房型。掌握以上二分法重點能縮短找屋時間，利用線上看屋搜尋，即能迅速分辨找出具有高報酬的物件。

　　3.0 房型有一重點特色，簡易分二區後，玄關公共走道短，不浪費主建物坪數節省使用空間。3.0 分區方法，是需要經過搜尋與模擬評估，才能找出具有高報酬的建物，就如同寶石般在經過琢磨與淬鍊後，才能光芒出眾、璀璨豔麗。

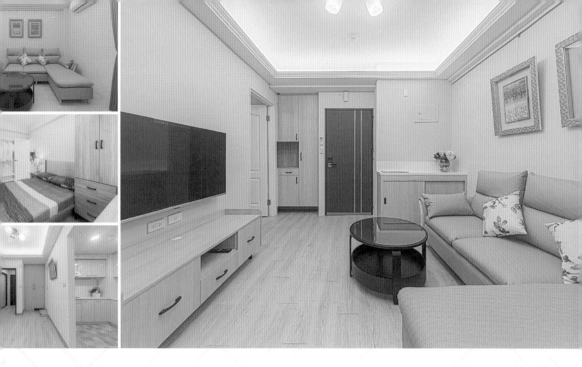

第二章

房屋裝修工程

01 前言

　　在找到適合分區建物並完成房屋簽約買賣後，表示已完成尋找購屋標的第一階段，接下來是準備第二階段建物硬體的裝修執行。

　　在房屋簽約買賣前，利用不同時間到現場看屋、仔細觀察，對於屋況一定要相當的瞭解，以利盤算後期的裝修費用。例如廚房及浴廁，不論是全部翻新或是部分改建，都是需要重點花錢裝修的地方。建議在簽約前，先找您熟識的室內設計師或有經驗的統包商，針對觀察到的屋況與裝修專業人士商討，預估分區裝修工程費用，再加上後續的家具、家電設備，可以大致抓出裝修總預算。

　　分區裝修雖然沒有自住宅裝修的工程繁複，但也幾乎包辦了所有協力廠商，如前期一開始進場施工的拆除／泥作、鋁窗／大門、水電／弱電、空調／消防，中期的木作／系統櫃、油漆／燈具、衛浴／廚具，以及後期的清潔／清運，工程完成後還有窗簾家具等軟裝項目以及家電設備的定位，這些都是分區裝修必要的執行流程。

包租公／婆 3.0 分區裝修，分區防火隔間牆應符合法令規定外，水電工程尤其重要，如何將一戶總開關配電箱分二區使用，在本章節會有說明。第二章房屋裝修工程著重在分區裝修的項目範圍，分享適宜的裝修方式，以兼顧經濟、實用、安全為考量，符合房東與租客需求，不強調最強的工法，以免偏離本書主軸。

　　裝修建材、工法日新月異，每年每季都有新產品推出，如裝修隔間方式，就有多種建材工法，因應不同屋況的施工需求，選擇最合適的方式操作。本章透過室內設計的實務經驗，分享讀者合適的分區裝修方式及建材選擇，滿足租客居住機能，規劃實用的住宅設備讓租客使用便利，以達到延長租期的效果，並且在用電安全及建材選擇下功夫，避免後續有租客使用不便或頻繁維修的情形發生，造成房東及租客的困擾。

02 裝修找室內設計公司或統包商？

　　如果您是第一次進行房屋室內裝修，我會建議找室內設計公司協助您處理，因為室內設計師在瞭解客戶需求後，能以使用機能、整體預算及裝修法規進行全盤的考量，提供客戶相關的平面、施工圖以及 3D 示意圖說明服務，減少實際裝修與想像的落差。委請室內設計師協助房屋裝修，從前期圖面規劃到後期的施工監督，都由室內設計公司負責處理，適合平日不便到現場監工的屋主，但需支付一筆設計、監造費用，大都能獲得良好的裝修成果，順利完成房屋裝修以及保固服務。

　　裝修市場上有許多不同背景的統包商，包括系統家具、木作、泥作、水電、油漆、鐵工等自營商，皆能統包房屋改建工程，一般消費者要找到有工程專業經驗的統包商，大部分是透過親友介紹居多，因有工程配合的經驗，可打聽施工專業度及價格等資訊。

　　統包商相較於室內設計師，設計實務經驗與美感較不足。找統包商施工可以省下一筆設計費用，但不一定會有施工圖與 3D 圖面跟客戶進行說明，如擔心施工成果與想像的有落差，在

施工過程就得自行監工多留心注意，需要多付出時間成本，但如果找到可出示詳細施工圖說又能注重裝修品質的統包商，那也是可評估的選擇。

　　房屋裝修需結合不同的工程項目協力廠商，透過事先的規劃設計與計劃工程順序，照圖施工如期完成裝修，是室內設計公司與統包商都可達到的服務，在工程完工後的軟裝項目，例如窗簾、家具布置等，則是統包商無法提供的服務，軟裝項目如有室內設計師協助選材效率就快得多，但您如有裝修住宅的經驗，此部分可自行處理，不用假室內設計師之手也能順利完成。

　　有經驗的屋主會認為，房屋租賃裝修找室內設計公司不划算，需要支付設計、監造管理費增加成本，反之，也可能會遇到室內設計公司覺得租賃裝修工程太小，以最近比較忙為由婉拒接案，需要再多找幾家設計公司的情形發生。

　　綜上所述，房屋裝修是分區出租前重要的項目之一，事關房屋成本預算，因此要慎選您的室內設計公司或統包商，優質的裝修承攬商能讓您順利裝修點交，後續維修保固服務到位，如不小心遇到網路裝修詐騙，還要付出更多時間與成本代價，不可不慎。

溫馨提醒

　　室內設計公司以及從事室內裝修相關行業的公司，除了要辦理公司或商業登記外，還需有建築物室內裝修業登記證（符合建築物室內裝修管理辦法第 10 條及第 11 條規定），且有加入當地政府的商業同業公會，符合上述條件的都是比較有保障的公司，能負起施工責任及保固服務。另外有少部分裝修統包商的廣告或名片沒有留下地址只有連絡電話，如工程有問題，往往有找不到人善後的風險。以上說明希望您能找到屬意的室內設計公司或統包商，來為您執行房屋裝修工程。

▲ 建築物室內裝修專業技術人員登記證

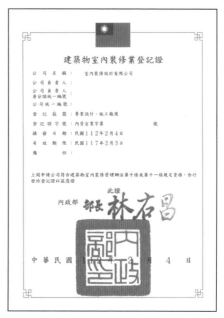

▲ 建築物室內裝修業登記證

03 裝修前置作業

　　準備進入分區裝修，確認好裝修承攬商，不論是找室內設計公司或統包商承攬工程，經過雙方充分的溝通與討論，確認裝修重點，準備詳實的施工圖說及進度規劃表，並確認建材用料與整體風格，有利於後續裝修工程的推動。

前置作業 1：申請建築物室內裝修許可

　　若是購買公寓、大樓在選擇好裝修承攬商後，首先要為您的房屋在當地政府申請建築物室內裝修許可，建築法第 77-2 條規定「供公眾使用建築物，及內政部指定的非供公眾使用的建築物」，室內裝修必須申請審查許可，目前住宅申請室內裝修許可證，在雙北地區執行落實，其他中南部地區在當地政府、室內設計公會及大樓管委會的推動下，逐漸地開始執行房屋住宅的簡易室裝及室內裝修申請，如您未申請裝修許可即動工，還是有被檢舉開罰的風險存在。

　　室內裝修許可，要向當地政府機關申請，建議您找領有建築物室內裝修專業技術人員證照及有建築物室內裝修業登記證的公司，為您執行房屋裝修的任務。

前置作業 2：集合式住宅大樓管委會申請裝修

目前集合式住宅大樓，住宅裝修都須事先向管委會申請裝修登記，並繳付施工保證押金及清潔費，各大樓收費標準不一，這部分與您的裝修承攬商協調好付費方式繳費後，管理室會代為公告本戶裝修日期，於公共區域通知本棟大樓住戶。

裝修工程進場前的保護工程項目，包含電梯內及公共走道區域。在保護工程前務必先拍照記錄原有公共空間的瑕疵，以避免完工拆除保護板後，與管理室人員驗收退保證金時產生爭議。

前置作業 3：施工保險

在裝修工程進場前，我建議加保房屋裝修的營造綜合保險，保費不高，每百萬約幾千元，好處是在裝修期間遇工程財物損失，如因施工不慎，導致漏水至下樓層，需損害賠償，或設備材料失竊、火災等項目，以及第三人意外責任險（每一人／事故體傷），財務損壞或大樓施工者不小心將器具掉落窗外人行道，造成行人意外體傷，保險期間內都有賠償。

以上只需少許保費，設置施工保險防線，能讓屋主與裝修承攬商團隊受到保障。

前置作業 4：敦親睦鄰

　　房屋裝修準備進場前，有管理室的大樓會公告本戶施工起始日至完工日期，工程期間免不了施工噪音，尤其是剛進場的拆除作業，會有幾個工作天有整日的噪音聲響，需要特別通知公告說明，另外請務必與您的鄰居，尤其是直上下樓層及當層住戶再打聲招呼，必要先致贈小禮以增進鄰居情誼，因為在房屋裝修工程中產生的噪音聲響及震動，他們首當其衝，有時不免會遇到白天有老人、小孩在家，或上晚班白天休息的鄰居抱怨抗議。

　　　　　　/ 第二章 / 房屋裝修工程

04 防水／拆除／泥作

　　進入房屋裝修拆除、泥作項目前，大部分屋內多少都遇有牆面滲漏水或壁癌情形發生，此項目是裝修前首要解決的問題，尤其是 20 年以上的中古屋，產生滲漏水或壁癌原因繁多，房屋室內最常見是浴廁與臥室隔間牆有壁癌情形，大部分發生在浴缸位置或在淋浴區的隔間牆面，原因可能是沒有作防水層或防水層年久因地震或其他原因失效，另外原因是浴廁地磚膨拱，導致地磚下滲水潮濕，或是外牆鋁窗角落龜裂滲水，遇有房屋滲漏水、壁癌發生情形，務必請施工團隊找出問題點在裝修時一併解決。

　　浴廁、廚房區的部分，注意冷熱水管，配管接頭處是否有滲水現象，地面排水與浴廁面盆、廚房水槽排水是否順暢，施工後給水管需要加壓測漏，排水順暢度也需要測試是否正常，以上是泥作施工前首要觀察的重點。

　　另外室內與外牆有滲漏水與壁癌的情況，主要以對外鋁窗牆壁角落產生居多，早期鋁窗立框施工較不嚴謹，窗角容易龜

裂滲水以致室內牆面質變，現代工法較注重立框補強及外牆防水，在此項目應注意加強防水責任施工。

　　房屋滲漏水原因如上下層給排水管滲漏、浴廁防水層失效、陽台花台排水不良、空調排水管阻塞、外牆龜裂以致雨水滲入室內等，大部分發生滲漏水壁癌的地方，能找出原因大多能解決問題，房屋裝修務必督促工程包商責任施工，並在施工前後拍照留存，排除房屋使用後再發生的機率。

　　房屋裝修前，承攬商必需先完成梯間公共區域及大門與地板保護工程，完成後即可進行動工，分區裝修偶有少量室內隔間拆除，或浴廁、臥室入口轉向修改，牆面切割爲必要拆除隔間方式，使用於不全部打除的牆面，方便泥作修補善後。

▲ 窗框角落龜裂導致牆壁潮濕滲水，產生壁癌

　　　　　　/ 第二章 / 房屋裝修工程

拆除工程注意事項，浴廁及廚房尤其是重點區域，應注意給水管是否在拆除時填塞完全，地板排水管確實密封以免有碎石掉入管內導致阻塞，如有必要工地現場應先暫時關閉水源，並切斷部分電源以利施工。拆除項目應特別注意施工者及第三人工地安全，請承攬商派任專人現場指揮監督，採取必要防範措施，如拆除作業的倒塌控管或鋁窗更換拆除，防範牆面磁磚及碎石落下傷及人員。

　　另外注意集合式住宅裝修施工時間規定，拆除廢棄物垃圾清運下樓層後垃圾不落地，並於當天清運完成避免堆放公共區域，造成擾鄰收到抱怨申訴。

溫馨提醒

　　浴廁、廚房磁磚項目依分區裝修需求，打底、防水、鋪磚依序施工，浴廁整建尤重防水。防水施工方式，地坪與牆面轉角處應加貼纖維網，加強防護可避免浴廁地板龜裂滲水，防水層牆面高度應至天花板高，防水層施工完成後，在地板放水浸置三天以上，測試隔間牆外或樓下有無滲漏水，並商請樓下屋主同意，查看下層浴廁區天花板樓板處，如無滲漏水現象即可執行貼磚項目。

▲ 浴廁地坪牆面轉角處，鋪貼纖維網加強防水施工

▲ 浴廁地坪浸水測漏測試

室內地板裝修項目，依屋況及預算選擇適合的建材，如磁磚、石塑、超耐磨木地板、塑膠地磚等都是選項之一，泥作鋪地磚需打除原有磁磚外，少數工班會使用磁磚疊貼工法，來應付短期房屋買賣需求，磁磚疊貼工法不適合房屋長期使用，未來地磚膨拱風險極高，故不建議使用。

溫馨提醒

浴廁與廚房場所因為用水頻繁，環境潮濕地板容易有水漬，所以在地磚挑選上須特別注意，選擇花磚或木紋磚等，除了漂亮美觀外，使用防滑係數較高的地磚，可避免滑倒意外的風險產生。

▲ 浴廁牆面泥作貼壁磚施工

▲ 浴廁牆面搭配花磚

▲ 六角花磚

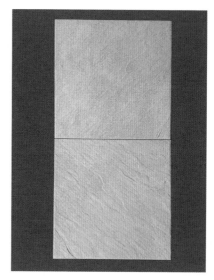

▲ 金鋼砂止滑地磚 30x30cm

▲ 客廳區地坪地磚 60x60cm

▲ 浴廁壁磚搭配馬賽克磚

/ 第二章 / 房屋裝修工程

05 鋁窗／大門

鋁窗

　　早期中古屋鋁窗隔音氣密性較不足，鋁窗門片五金老舊導致開關不順、故障頻繁，解決方式建議直接更新為宜，房屋如臨鬧區吵雜馬路旁，鋁窗玻璃建議改為厚度 8mm 以上氣密窗，可增加隔音效果。

　　房屋裝修鋁窗項目廠牌選擇眾多，鋁窗首重隔音氣密性及安裝立框填縫防水，偶有廠商基於便利施工，會建議原始窗框不拆除，直接包框作業，我認為裝修已有泥作項目工程，應請鋁窗廠商更新為佳，因為直接包框雖不需泥作填縫處理，但包框厚度會增加致使窗面四周框邊增厚有礙美觀，兩者價格差異不大，建議更新鋁窗，美觀實用有助於提升房屋價值。

　　鋁窗立框安裝前準備工作及施作程序，與承攬商確認好型式規格，窗框組立應準確詳實固定，牆面四周填塞好防水水泥並加強防水施工，裝框好需有表層防護或泡棉保護，避免鋁窗在後續裝修工程中受損。

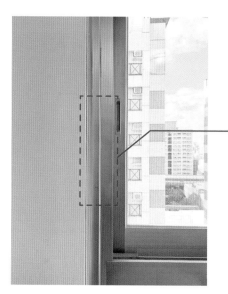

鋁窗包框後厚度增加

▲ 鋁窗包框施工快速，但美感不佳

▲ 更新鋁窗注意社區大樓規定，統一樣式與顏色

大門

　　房屋入口大門更換，須符合法規設置防火門，金屬防火門鋼料強度大耐火性佳，另外需注意公寓、大樓管委會大門更換規定，如統一樣式、顏色。

　　梯間門片如採雙面嵌入強化玻璃，除了有隔音效果也利於梯間走道光線透入分區入口玄關，讓分區入口玄關接受梯間光線避免有陰暗感。進入分區1房、2房大門，可搭配電子鎖以方便管理。

門弓器

▲ 梯間入口大門示意

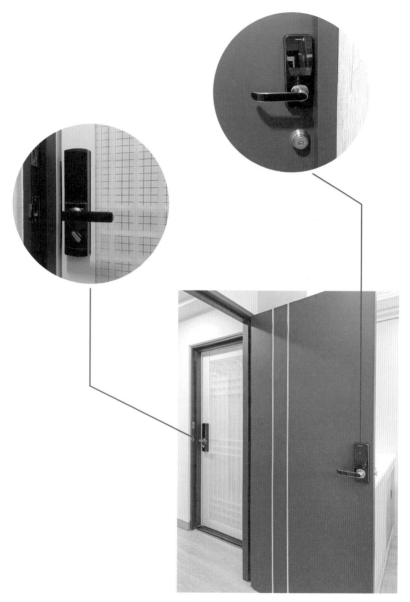

▲ 內外大門裝設電子鎖方便管理

06 水／電／弱電

　　水、電爲民生必需品，與房屋各項設備皆有關連，分區裝修以水電規劃爲主軸項目，完整的施工圖可提高工程效率，並減少未來水電更改及項目追加的情形。

　　規劃水電相關設備時，要一併考量房屋自身條件、用電安全與使用成本費用，如屋內無天然瓦斯的情況下，廚房部分因安全考量以無明火爲佳，會建議爐具採 IH 爐，浴室部分建議安裝電熱水器分開二區獨立使用，後續再裝設分區電錶方便電費以度計價收費。

　　水電施工須謹愼，如不注意容易引起漏水、漏電或跳電的情形，因此裝修前須規劃好所有的給排水、用電品項的數量與位置，以及搭配詳實的水電圖面標示，以利進行水電裝修工程。

水路工程

　　房屋由一戶分爲二區使用時，二區用水還是共同使用同一水錶管路的水源。在裝修項目上舉凡更新浴廁、衛浴設備、廚房廚具，以及設置陽台洗衣機、水槽等，以上項目都與給排水工程有關。

在浴廁及廚房格局位置沒有變動下，給排水施工單純，但須注意原有冷熱給水口接頭的清潔與是否牢固，排水方面更新浴廁地磚時，需在原有地排水管四周鋪貼纖維網防水，再裝設排水孔蓋，以上程序可避免滲漏水發生。

房屋裝修遇新增浴廁或廚房項目，規劃上必須注意地面給排水管與所有管路的銜接配置等細節，如冷熱水出水方向等。施工前應詳細查看室內原有給排水管路位置，避免不必要的打牆，新增給排水管應標示好現場施工位置，詳實依圖施工做好水路工程，以利後續使用。

▲ 新設儲熱式電熱水器，熱水管明管配置

8 公斤

10 公斤

▲ 給水管加壓測漏測試

　　給水管安裝完成後，請水電包商務必做加壓測漏測試，將水管水壓增至 8~10 公斤／平方公分至少 60 分鐘以上，檢查所有給水管接頭有無漏水現象，以上測試建議屋主最好親自在場確認或請監工人員拍照留存，督促水電包商做好給排水測漏，避免未來使用因施工不慎有滲漏水之虞。

補充說明　>> ≫≫

　　水龍頭給水管牆面配置左熱右冷，符合市面的水龍頭冷熱出水口的設計，以上左熱右冷的施工常識，偶爾在看屋時還是會發現冷熱水方向施工錯誤。

　　排水部分，更新地磚打底務必請泥作包商施工好地板洩水坡度，避免地面排水有積水現象，排水口五金選擇以有防蟲防臭裝置為佳。

電路工程

　　裝修電路工程項目，首要將配電施工圖所有用電標示詳細紀錄，包括每一空間用電品項列出，如冷氣空調、電熱水器、

IH 爐／電陶爐、電鍋、燈具、電源插座等數量，加總計算所有用電量，如原大樓或公寓總開關配電箱安培數不足，必須請有合格證照的室內配線技術士或具早期經濟部電匠考驗合格證人員施工，全室抽換 2.0mm 平方以上電源線、更新無熔絲開關（NFB）保護，本項目涉及房屋用電安全及用電容量控管，電路安全流量必須經過詳加計算，隨意安裝會造成電流負載超過，導致頻繁跳電或線路開關過熱產生火花發生危險。

溫馨提醒

分區裝修用電配置施工注意事項

1. 廚房電鍋、微波爐、IH 爐電源需設專用迴路開關。
2. 冷氣空調／室外機電源，設置專用迴路開關及漏電斷路器功能。
3. 燈具迴路開關配置詳細圖說。
4. 插座位置需求新增或移位詳細圖說。
5. 電熱水器需設專用迴路及漏電斷路器功能。
6. 設立分區總開關配電箱，裝設分區電錶。

房屋裝修用電設備，例如供分區使用的電熱水器及廚房、浴室、陽台的電源插座，除了設置漏電斷路器也應確實接地配

線。漏電斷路器又稱為漏電開關，如偵測出有異常電流時，會產生跳脫開關的裝置設備，接地部分是防止人員受到電擊，提供足夠的截流能力使故障的線路不致產生火花引起危險，浴廁建議安裝防水防觸電插座，以上是用電項目重要的安裝設備及配電安全作業，務必請施工包商落實施工品質。

分區裝修用電工程核心問題在於用電容量，原大樓或公寓總電源配置容量如不足以供分區後用電量使用，應找具專業合格證照負責任的包商施工。一般 3 房 2 廳社區大樓總開關配電箱，配置約 60A（安培），老舊公寓配置約 30A（安培）總開關供住宅使用。

舉例 3 房 2 廳 2 衛大樓用戶，原配置 60A，足夠應付住宅空調、燈具、插座居家使用，但經分兩區用途需再計算用電容量，如 1 房 1 廳獨立使用電熱水器再加上電陶爐等設備，是否在安全用電容量以內，需詳加計算考量。

早期 40 年老舊公寓室內 30 坪左右 3 房 2 廳 2 衛，原總開關箱內約設置 30A 電力開關。分區水電圖需列出用電清單，如冷氣空調室內機五台，室外機三台，電熱水器 12 加侖一台／15 加侖一台、IH 雙口爐一台、單口電陶爐一台、二區燈具及插座，以上項目數量需請專業室內配線技術士人員詳加計算用電，依以上電器使用瓦數電量需求，設置符合電工法規的電纜線徑及足夠的無熔絲開關。

太平區 3.0 房型案例

☐ 二房+客廳+廚房+二浴廁+陽台

☐ 一房+客廳+浴廁+陽台

水電 / 弱電 / 插座示意圖

符　號	說　明
⬓	插座　110V
⬓220V	插座　220V
Ⓣⱽ	電視出線孔
Ⓣ	電話出線孔
Ⓒ	網路出線孔
◲◄	監視器
o⊢•	冷水出水口
⬓	地板落水頭

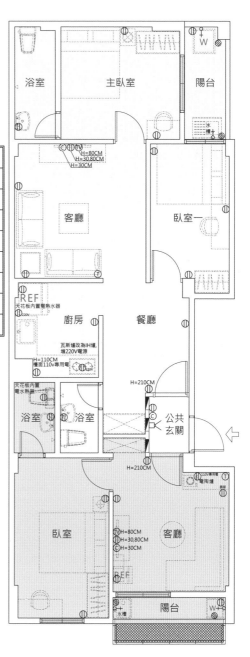

另外在一樓台電總電錶處，到樓上住戶端原配置 8mm 平方電纜線輸電，配電箱的輸電暗管早期配置管徑可能無法更新抽換 22mm 平方以上的電纜線，如遇上述情形，應委請專業水電技術士與台電評估，更改明管配置或其他方式，或改使用 XLPE 電纜線（如補充說明）並更換一樓用戶電錶後足夠的無熔絲開關，以上更新項目需找具有合格證照的室內配線技術士及台電認可，始得進行施工。

補充說明 >> >> >>

XLPE 電纜線：

絕緣耐熱性佳線徑小，故障率低是目前高壓電纜線主流，正常使用時，其導體連續使用溫度可達 90°C，緊急時可達 130°C，短路時（5 秒以下）可達 250°C，外徑小重量輕耐水耐腐蝕性，易鋪設等特性。

（資料來源 - 太平洋電纜電線官網）

台電用戶電錶前
閘刀式總開關位置

用戶電錶後
無熔絲開關位置

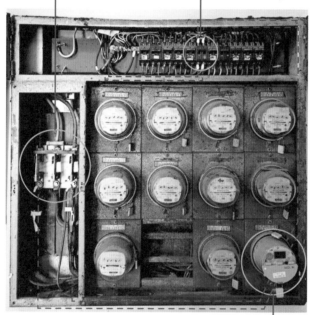

▲ 公寓一樓台電用戶電錶電纜線更新

用戶電錶

/ 第二章 / 房屋裝修工程

以上確認好一樓用戶電錶處到樓上住戶端配電箱之間的電纜線規格施工後，再來是二區總開關配電箱的理想位置，依分區規劃可在室內新作隔間牆擇一適當處，或是在進入大門後的公共玄關輕隔間牆面，以便於施工及管理，依各分區用電量設置所需要的 50A 或 40A 總開關，依序配置電熱水器 30/20A、IH 爐 20A、空調 20A、燈具、插座 20A 開關等需求設置，以上為室內 30 坪公寓二區總開關配電箱配置參考。

　　以上二區電路開關配置完成後，需做一次全室燈具、電器設備開機運轉，測試開關電壓承載量，是否在各區配置的總開關 50A 或 40A 容許安全範圍內，以上電路測試驗收為重要程序，需要現場測試是否符合用電安全並拍照留存紀錄。

▲ 二區總開關配電箱設置公共玄關處

▲ 鉤表測試總開關配電箱用電承載

弱電

弱電：網路、TV、監視器、電話、對講機、廣播喇叭

弱電項目本篇是指網路、TV 線、監視器、電話線、對講機、廣播喇叭。在分區隔間架構確認後，弱電箱適合配置在玄關走道區崁入新作隔間牆內，以便於施工管理。

網路配置部分，中古大樓或公寓採傳統數位線，配置到各樓層弱電箱，一般在房屋所在地區，使用在地的有線電視公司，通常有免費的光纖網路配線服務，不用額外加價，使用光纖網路線相較穩定，也方便未來網路寬頻擴充。

分區後1房1廳及2房1廳，在各區客廳處至少預留一條網路線，Wi-Fi分享器則建議安裝在公共玄關走道天花板，以公共玄關爲中心，分享無線網路給二區使用。

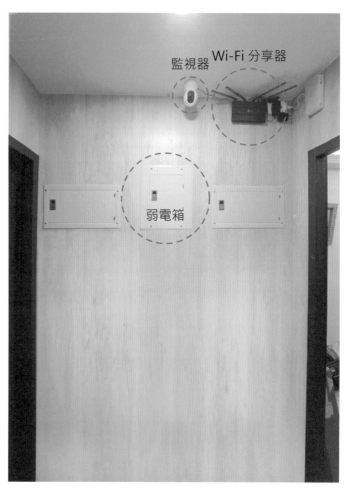

▲ 弱電箱、監視器、Wi-Fi分享器安裝於公共玄關處

在木作裝修前，先詢問在地有線或電信公司，是否有配置光纖網路線服務，預約施工配線時間通常在 14 天以內會安排施工，光纖網路線如能在裝修施工時嵌入新增的弱電箱內，是最理想的方式。

電視部分，目前除了採用中華電信 MOD 觀看電視電影等影音內容，還有有線電視公司以各種套餐付費方式觀看第四台，或申請網路付費服務時，會有附贈機上盒免費觀看基本台的優惠，以上我認為視房客需求自行付費選擇即可，另外有一國產電視產品，已內建四季線上第四台提供免費觀看，銷售員稱呼包租公專用 TV，適合在租賃空間使用。

攝影監視器部分，房東為維護租客居家防盜安全，安裝攝影監視器務必事先告知租客，在公共玄關走道處設立攝影監視器，鏡頭方向應朝玄關大門處。市售攝影監視器購買安裝方便，連接電源及無線 Wi-Fi 即可與手機連線使用，為避免爭議，攝影鏡頭切勿朝向各區門口。

網路線

TV 線

網路線

▲ 客廳預留 TV 線、網路線

電話線配置部分，目前行動手機通訊使用方便，室內居家電話已漸漸被取代，但還是有一些家庭在使用，我認為房屋內如已有電話線預留處，應保留各區電話線功能為佳，原因有三：第一、當斷電或手機不通時，市內電話線仍保有通訊功能，第二、租客有市內電話功能需求，第三、電話線可改對講機功能，以上三點提供讀者參考。

分區裝修在二區客廳各留一條電話線，配線成本不高，多此一功能以便後續租客使用，如未留市內電話線未來有使用需求時，需再次明線施工徒增麻煩，不如裝修時一併處理。

我曾遇過 40 年舊公寓，全棟對講機已年久失修完全無法使用，如有人在家會錯過郵差人員通知領取掛號包裹物件，為解決公寓無管理員代收包裹問題，可利用室內電話線在一樓大門外信箱處附近安裝對講機，方便在家與郵差人員聯繫，弱電通訊包商表示，本棟 40 年公寓位於一樓的弱電箱，早期每戶留有三對線路，所以可裝設兩副對講機及一支市內電話線，提供本屋使用。

另外電梯大樓管理室設有廣播系統，有傳遞重要訊息給屋內住戶的需求，大樓通常在住戶室內玄關處設有廣播喇叭，如遇分區裝修時，室內應再新增設一個廣播喇叭，讓二區住戶能同時接收管理室的通知，如參加所有權人大會或緊急避難的重要訊息。

/ 第二章 / 房屋裝修工程

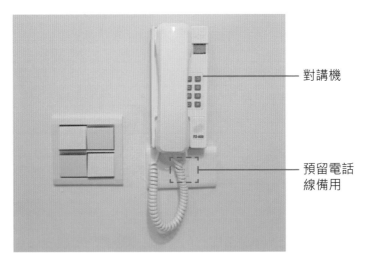

對講機

預留電話
線備用

▲ 客廳牆面安裝對講機

▲ 公寓一樓門口裝設對講機

07 空調／燈具

空調

分區裝修空調項目，有以下四個重點。

1. 品牌預算：國產品牌 CP 值高，保養維修方便。

2. 變頻／定頻選擇：選擇變頻冷氣有冷暖功能，因為與定頻機型費用差距不大，站在租客使用者立場，希望租屋處能有省電的電器使用，減少電費支出，與定頻機型價格相比，每台只需多付出幾千元費用，選擇變頻冷氣，能夠使租客減輕電費負擔。

3. 機型選擇／安裝位置：決定冷氣功率的選擇，需考量房屋的空間坪數大小、有無西曬或是否在頂樓，以上經由專業的冷氣包商確認後，以一對一或一對多冷氣配置，進行室內各區冷氣定位配管施工，一般中古大樓、公寓除了窗型冷氣有固定位置，在室內安裝分離式壁掛冷氣，需注意避免直吹沙發區或正對床，以免使用感受不佳。

4. 室外機置放位置：使用分離式冷氣，室外機置放位置一

般都設在陽台或大樓規劃的冷氣外機置放處，以不影響大樓規定及陽台使用為佳，分離式冷氣選擇一對二或一對多，比較節省陽台使用空間。

空調施工部分，為求美觀，分離式冷氣配管後，再請木作將冷氣冷媒等管路包飾，隱藏於裝修內，遇有客廳廚房未開窗的格局，想讓室內空氣循環更好，建議安裝一台新風機於陽台處，配置送風管至客廳區。室外空氣經由新風機過濾，引進新鮮空氣送風至室內產生正壓。另外在廚房天花板處加裝抽風機於當層排放戶外，或排入管道間讓室內產生負壓，在室內不開窗的情況，空氣也能一進一出，達到室內循環通風效果。

▲ 冷氣、新風機管線木作包飾

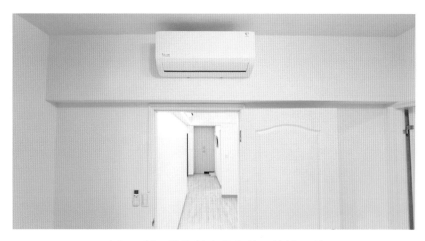

▲ 冷氣、新風機管線木作包飾，管線不外露

新風機開關

▲ 客廳新風機出風口／開關

▲ 陽台天花板安裝新風機

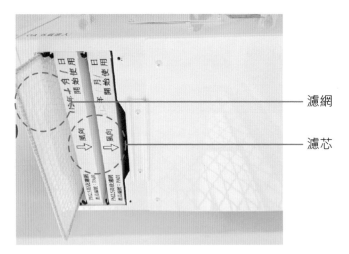

濾網

濾芯

▲ 新風機內置濾網、濾芯過濾空氣粉塵

▲ 廚房安裝異味阻斷型抽風機 + 分段開關

太平區 3.0 房型案例

☐ 二房+客廳+廚房+二浴廁+陽台

▨ 一房+客廳+浴廁+陽台

空調 / 新風機配置示意圖

符號	說明
新風機	新風機
⌀	排風扇
→ → →	進風
→ → →	排風
⟋ A	分離式壁掛冷氣

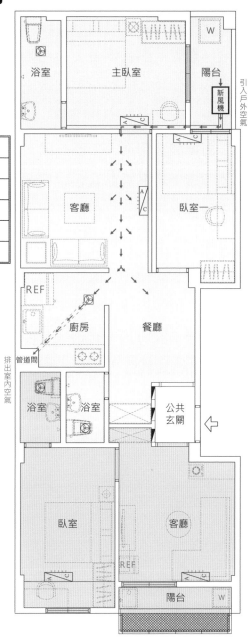

燈具

　　燈具項目在裝修預算中佔比不高，但對於空間整體效果的呈現，燈光計劃扮演重要角色，裝修規劃不同層次的燈具，可讓屋內光線均柔，變化不同燈光情境，室內採光不足，也可藉由燈光計劃彌補。

　　由梯間大門進入二區玄關走道，燈具建議使用感應崁燈以節省電費，燈具重點以客廳爲主，因爲一進門客廳是重要的第一印象，是小家庭聚集的重要空間，屋內有不同燈光效果，也能增加生活不同情境。

　　客廳天花板施作間接照明，層板燈光源朝向天花板，藉由天花板反射，光線柔和且不刺眼，相較傳統直射日光燈感受更佳，另再搭配吸頂主燈內建分段開關，可變化不同燈光效果，切換不同燈具數量及小夜燈功能。

太平區 3.0 房型案例

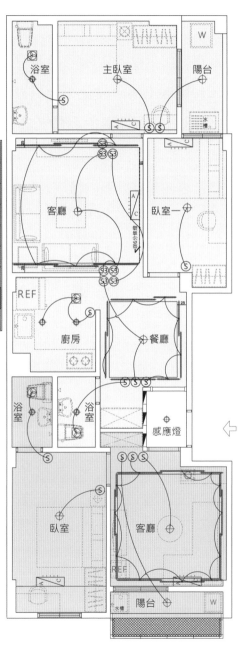

二房+客廳+廚房+二浴廁+陽台

一房+客廳+浴廁+陽台

燈具迴路示意圖

符號	說明
⊕	崁燈
Ⓢ	燈具開關
Ⓢ3	燈具雙切開關
⊗	排風扇
⊕	吸頂燈
- - - - - -	LED鋁條燈
——	層板燈
◿	分離式壁掛冷氣

/ 第二章 / 房屋裝修工程

如遇 2 房客廳未開窗，以木作天花板層板設計間接照明，或是規劃使用鋁條燈，可增加光源營造不同情境具現代設計感，其他空間如主臥及次臥室， 挑選適當的吸頂主燈 3~5 燈具數量型式，或採工業風設計在天花板裝設軌道投射燈、筒燈搭配吊扇，可營造不同空間的燈光氛圍。

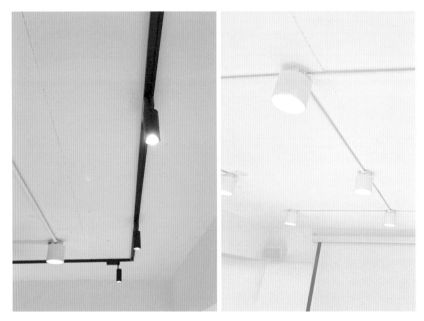

▲ 天花板軌道投射燈（左圖）、筒燈（右圖）

▲ 未開窗客廳 - 主燈與層板燈、鋁條燈燈光效果示意

▲ 間接照明層板燈、崁燈燈光效果示意

/ 第二章 / 房屋裝修工程

08 消防／瓦斯安全

消防

　　房屋住宅裝修應符合「消防法」及「建築物室內裝修管理辦法」，「裝修範圍內以一小時以上防火時效之防火牆、防火門窗區劃分隔」、「不得妨害或破壞防火避難設施、消防安全設備、防火區劃及主要構造」、「室內裝修涉及消防安全設備者，應由消防主管機關於核發室內裝修合格證明前完成消防安全設備竣工查驗」等相關法規。

　　消防滅火設備設置規定，「建築物 11 樓以上樓層，樓地板面積在一百平方公尺以上者，需設置自動灑水設備」。消防灑水頭是發生火災的重要滅火設備，數量和位置應按防火區劃與灑水覆蓋範圍分配，絕不可以任意遮蔽、油漆或移除。遇 11 樓以上樓層，玄關走道區新作隔間應增設灑水頭及消防感知器，以符合消防安全與法規。

　　以居家消防安全考量，在裝修工程實務加裝住宅用火災警報器（住警器），對房東和租客來說都是多一道保障。市售住警器大致分為定溫式（偵熱）與光電式（偵煙）兩種，根據偵

測標的屬性的不同，應區分適合安裝的地點。

　　廚房及有熱源的區域，適合安裝定溫式（偵熱）住警器，此裝置有熱感知應可探測熱源，當警報器偵測到熱源時，警示燈即會閃爍，連續偵測到熱時，警報器會重複發出「嗶—、嗶—，火警火警」的通知鳴響。

　　在玄關、客廳及各臥室等區域，遇有火源竄起，比起溫度的上升，煙的蔓延會較快速，因此適合安裝光電式（偵煙）住警器，當探測到煙時，警示燈即會閃爍，連續偵測到煙時，警報器會重複發出「嗶—、嗶—，火警火警」的通知鳴響。

▲ 定溫式（偵熱）住警器　　　　▲ 光電式（偵煙）住警器

　　以上住警器的用途是讓住戶在第一時間確認火源火災的狀況，盡早滅火或進行避難，避免災害的擴大甚至危害生命安全，另外住警器並非火警自動警報設備，因此逃生後還是需要做通報 119 及大樓管理室等適當處置。

市面販售的定溫式／光電式住警器，在消防法上並未規定在火警自動警報設備裡，也無法連接在此設備上，消費者需自行購買或委由裝修承攬商安裝，市面進口與國產商品選擇眾多，也有電池壽命達十年的住警器可選擇。

一般大樓管委會會在公共區域及各樓層電梯間走道設置滅火器設備，以備不時之需，建議無管委會5層樓以下公寓，在本戶樓層梯間增設偵煙式住警器，大門入口處與二區室內應再放置滅火器，我認為在出租房屋處，加裝住宅用火災警報器及設置滅火器，不怕一萬（花錢）只怕萬一，房東多設一道防線，租客也多一道安全防護。

▲ 公寓梯間設置偵煙式住警器、滅火器

▲ 廚房加裝定溫式（偵熱）住警器

緊急照明器材應設置在公共玄關走道區，室內客廳走道及臥室區也需要加裝。如遇電力突然中斷，能繼續提供最低能見度的照明，並於玄關大門出口處安裝逃生指示燈，遇緊急狀況可引導出口順利疏散，避免因停電進一步擴大意外損害，因此妥善設置緊急照明設備，是住宅安全設計的重要項目之一。

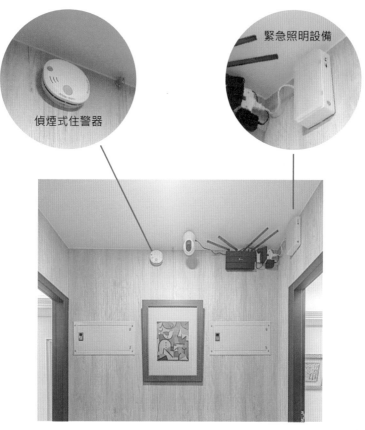

偵煙式住警器

緊急照明設備

▲ 公共玄關裝設偵煙式住警器與緊急照明燈

瓦斯

　　大樓、公寓如有天然瓦斯配置，廚房爐具及熱水器則繼續採天然氣使用，但建議安裝當地天然氣公司提供的安全開關。

　　安全開關是針對天然瓦斯流量超過容許設定，如瓦斯軟管脫落斷裂造成瓦斯大量逸出，或是裝置感應有火源高溫時，會在 0.5 秒左右立即切斷瓦斯，減少及防止火災意外的發生。

適用器具：家庭用瓦斯爐
最大流量：2.1m³/h±10%
產　　地：台灣製造
安　　規：符合 CNS13644 認證規範

▲ 瓦斯爐 - 超流量自動遮斷安全開關（感熱式）-2.1 型

（圖片來源：欣中天然氣官網）

適用器具：出水量 16L/min(含) 以下熱水
　　　　　器及家庭用儲熱式瓦斯熱水器
最大流量：3.6m³/h±10%
產　　地：台灣製造
安　　規：符合 CNS13644 認證規範

▲ 熱水器 - 超流量自動遮斷安全開關（感熱式）-2.1 型

（圖片來源：欣中天然氣官網）

另外瓦斯安全開關應搭配與爐具或熱水器不同規格的強化橡膠管，以上安全開關及強化橡膠管項目，在各地區所屬天然氣公司官網皆有用戶服務說明可參考，材料及安裝的所需費用則會併入下期天然氣費帳單收取。

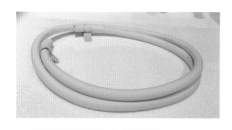 

▲ 瓦斯爐專用強化橡膠管　　　　　　　▲ 熱水器專用強化橡膠管
　（圖片來源：欣中天然氣官網）　　　　　（圖片來源：欣中天然氣官網）

有部分住宅因未配置天然瓦斯管線，所以會使用桶裝瓦斯，但桶裝瓦斯安全性不如天然氣設備，常見網路媒體報導瓦斯氣爆案件，發生原因除人為故意外，桶裝瓦斯因無安全裝置若不注意維護，遇瓦斯管老舊破裂或其他使用不當行為，發生災害機率會比使用天然氣高，故不建議再使用桶裝瓦斯。

天然氣採用微電腦瓦斯表，有安全遮斷功能，如遇大量漏氣、超時使用或五級以上地震，就會立即遮斷瓦斯供應。綜上所述，使用瓦斯設備，天然氣公司已設下多道防護，具有一定的安全性。

/ 第二章 / 房屋裝修工程

使用瓦斯設備如遇瓦斯漏氣或爐具火源燃燒不完全，會產生一氧化碳，一氧化碳為無色、無味、無臭的毒性氣體，人體吸入會引發中毒意外，因此防範措施及裝置必不可少。

▲ 強制排氣功能熱水器，廢氣藉由排氣管排放到室外

溫馨提醒

　　天然氣熱水器應裝設在戶外陽台通風良好處，但若在陽台曬衣、堆置雜物或陽台設有氣密窗等，影響空氣流通那麼還是會有安全疑慮，最安全的選擇是安裝有強制排氣功能的熱水器，運轉時所產生的廢氣，會藉由排氣管排放到室外，避免一氧化碳中毒意外的發生。

市售有二合一警報器，具自動檢測一氧化碳及可燃氣體功能（無連動遮斷瓦斯功能）。

偵測氣體	一氧化碳及可燃氣體
產　　地	中國
警報音量	3 公尺處 85 分貝
電　　源	110V 內置拉出式變壓器 並配 9V 備用電池
核發字號	無 / 美國 UL 認證

▲ 市售一氧化碳及可燃氣體二合一偵測警報器

另外如選用當地天然氣公司的警報器，當偵測到一定濃度的一氧化碳時，會在五分鐘內發出警報並與微電腦瓦斯表連動遮斷瓦斯。可同時透過警示燈及警報音發出警報，可代替人的感官隨時監控保護人身安全，防止並減少發生意外事件，是居家不可或缺的安全裝置。

偵測氣體	天然氣 & 一氧化碳
偵測原理	熱線型半導體式
產　　地	日本製造、原裝進口
警報音量	70db(A)/m 以上
電　　源	AC 110V±10%
核發字號	內授消字第 1090828279 號

▲ 兩用型瓦斯·一氧化碳警報器

（圖片來源：欣中天然氣官網）

09 輕隔間／高架地板／地板選材

輕隔間

　　裝修分區隔間牆工程，涉及水電、弱電、木作、油漆、大門等項目，是二區重要的裝修關鍵，分區牆不同於一般套房或室內裝修分間牆，應符合法規規定標準裝修。

　　依建築技術規則建築設計施工篇第 86 條分戶牆及分間牆構造規定，「應以具有一小時以上防火時效之牆壁及防火門窗等防火設備與該處之樓板或屋頂形成區劃分隔，裝修材料並以耐燃一級材料為限」，另外分戶牆之空氣音隔音構造，應符合第 46-4 條規定，「具有空氣音隔音指標 Rw 在五十分貝以上之隔音性能，或取得內政部綠建材標章之高性能綠建材（隔音性）」。

　　輕隔間特性包含施工快速、具防火隔音功能且能減少隔間重量。輕隔間主要是以輕鋼架 U 型鐵槽及 C 型立柱構件（如右圖），或木作角材做為牆體的支撐結構，用以石膏、矽酸鈣板等作為封板表面材，內置玻璃棉或岩棉，再做牆面的油漆或其他裝飾。

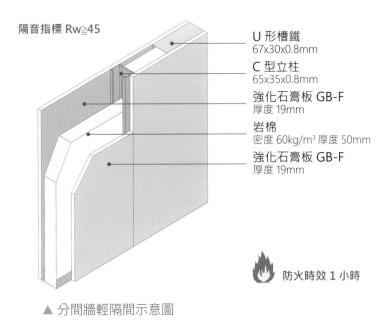

隔音指標 Rw≧45

U 形槽鐵
67x30x0.8mm

C 型立柱
65x35x0.8mm

強化石膏板 GB-F
厚度 19mm

岩棉
密度 60kg/m³ 厚度 50mm

強化石膏板 GB-F
厚度 19mm

防火時效 1 小時

▲ 分間牆輕隔間示意圖

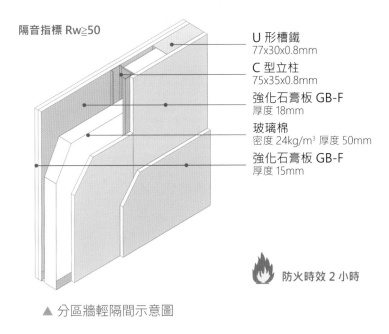

隔音指標 Rw≧50

U 形槽鐵
77x30x0.8mm

C 型立柱
75x35x0.8mm

強化石膏板 GB-F
厚度 18mm

玻璃棉
密度 24kg/m³ 厚度 50mm

強化石膏板 GB-F
厚度 15mm

防火時效 2 小時

▲ 分區牆輕隔間示意圖

/ 第二章 / 房屋裝修工程

分區牆施工，主要在公共玄關走道，是區隔二區的重要隔間牆。裝修時分區牆是電氣管線配置的主要管道，也是設置二區電源總開關箱及提供公共網路、電信、弱電箱的位置，以方便後續維修管理（如右圖）。

　　分區牆的重要性，首先是法規面特別要求防火時效及隔音功能，裝修分區牆，絕不能以一般分間牆概念隔間施工，使用1／2B磚牆或雙面單層石膏板、矽酸鈣板面材封板任意施工，無法達到防火及隔音標準，分區牆是分區裝修成敗的重要關鍵，是需要特別注意的工程項目。

太平區 3.0 房型案例

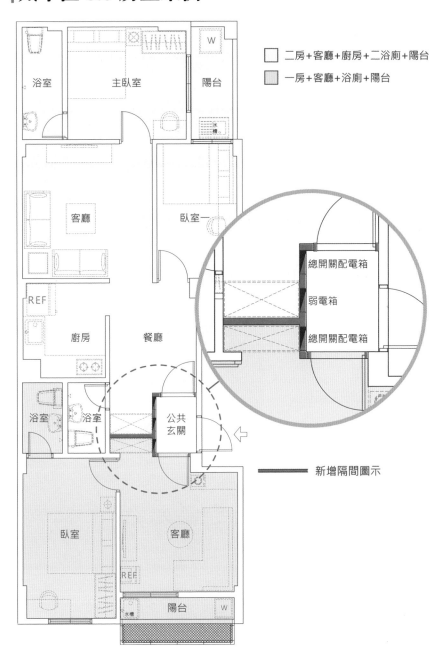

二房+客廳+廚房+二浴廁+陽台

一房+客廳+浴廁+陽台

浴室

主臥室

陽台

W

水槽

客廳

臥室一

REF

廚房

餐廳

總開關配電箱

弱電箱

總開關配電箱

浴室

浴室

公共玄關

新增隔間圖示

臥室

客廳

REF

水槽

陽台

W

高架地板

大樓或公寓改建浴廁，如遇分間或分區工程需要地坪架高，浴廁採輕質混凝土施作，走道部分則以裝修木作角材結構的高架地板方式居多。

木作高架地板常見在單人套房，架高區部分會設在走道，浴廁管路集中施工方便，但房間內與走道會有高低落差情形，行走時會產生木板共鳴噪音。

現行分區裝修，如遇需要在某區域架高地板，建議採合金鋼高架地板方式為佳，合金鋼高架地板，可將浴廁移位後的管線明管化，便利施工與修繕，表面材質是合金鋼板加輕質水泥，可鋪設石材、磁磚、木地板等不同材質，具隔音降噪功能，隔音性可達降噪 29dB（分貝）。

合金鋼高架地板的優點，施工容易安裝快速，有高承載結構設計，高度可依需求施作，方便未來需要恢復原狀。

▲ 合金鋼高架地板施工
（圖片來源：富佳材料科技股份有限公司）

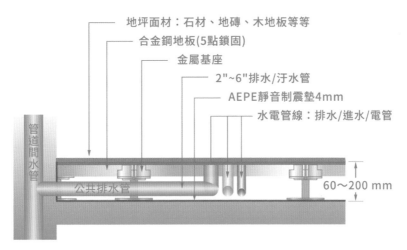

地坪面材：石材、地磚、木地板等等
合金鋼地板(5點鎖固)
金屬基座
2"~6"排水/汙水管
AEPE靜音制震墊4mm
水電管線：排水/進水/電管

管道間水管

公共排水管

60～200 mm

▲ 合金鋼高架地板施工示意圖
（圖片來源：富佳材料科技股份有限公司）

地板選材

室內地板材鋪設，除了傳統泥作地磚、海島型木地板外，建材隨著時代進步發展，陸續開發出其他地板產品，如超耐磨木地板及近年興起的 SPC 石塑卡扣地板等建材，以上不同的地板產品鋪設前皆要求地坪平整，才能完善的平鋪施工。

在進行前期裝修拆除及水電配管工程後，要注意泥作地坪修補的平整度，整平好室內地坪再鋪設其他地板材，有利於未來長久的使用。

現今的石塑地板，CP 值高、耐潮防水性佳、耐磨止滑以及使用年限長，花色以木紋為主，經常被當作木地板的替代品，

是目前租賃房屋裝修優先使用的選項之一，選擇石塑地板如有石粉成分疑慮，建議挑選國產品或有綠建材標章比較有保障。

另外 PVC 塑膠地磚項目，價格最便宜，施工快速，但不具長久性，表面容易磨損、退色，長期使用後會有伸縮縫過大的情形，房屋買賣市場有部分投資客常使用於短期買賣建物的室內地板材料。

塑膠地磚雖然可以降低裝修成本，但使用年限不長，視耐磨系數等級，鋪設塑膠地磚如遇有上述等瑕疵問題發生，屆時需要重新鋪設一次，所以不建議房屋出租裝修使用塑膠地磚，避免不耐久用地板頻繁更換的問題。

▲ 石塑卡扣地板

▲ 石木纖維卡扣地板

▲ 超耐磨木地板

▲ 塑膠地磚

溫馨提醒

　　一般消費者如沒有特別注意，會看不出外表是塑膠地磚，因為現今的建材仿木紋真實，但可以從接縫處辨別，塑膠地磚採一片一片在背層上膠鋪面施工，使用一段時間後，容易受環境溫差影響熱漲冷縮，會出現伸縮縫擴大情形。石塑卡扣地板，表面接縫小，幾乎看不出來，以上是塑膠地磚與石塑地板的辨識差別與讀者分享。

10 木作／系統櫃

　　一般自用住宅室內裝修工程，木作、系統櫃項目占最大部分，花費也最多，但在分區裝修剛好相反，預算比例低，可能還比水電項目費用還少。

　　分區裝修除了廚具系統櫃體外，其他衣櫃、床組、書桌等項目幾乎可用活動家具代替。部分因分區裝修所產生的特定空間，可藉由木作或系統櫃工程，連帶一起施作鞋櫃或置物櫃，兼具收納功能妥善利用空間（如右圖）。

　　木作裝修重點放在客廳區域，天花板施做立體造型，搭配間接照明燈光計劃，也利於水電、弱電管路的分區配線施工。廚房及浴廁天花板，以防潮板材為佳容易清潔，使用矽酸鈣板油漆施工，如浴廁內潮濕排風環境不佳，天花板會有發霉現象，後續需要清除霉斑再油漆修補養護。

▲ 天花板立體造型，兼具分區電路配線施工

太平區 3.0 房型案例

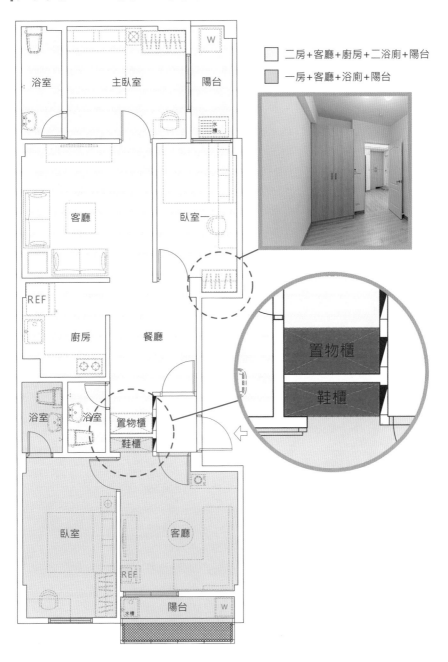

二房+客廳+廚房+二浴廁+陽台

一房+客廳+浴廁+陽台

浴室

主臥室

陽台

W

水槽

客廳

臥室一

REF

廚房

餐廳

置物櫃

置物櫃

鞋櫃

鞋櫃

浴室

浴室

臥室

客廳

REF

陽台

水槽

W

系統櫃家具是經由現場丈量尺寸後，規劃設計施工圖，發包後在工廠裁切板料，運送至工地現場組裝，系統櫃施工快速，板材表面也具質感，不須再油漆，為目前裝修主流。近年受疫情影響，系統櫃材料及工資接連上漲，我認為在分區裝修如僅有少量需求，使用系統櫃不如由木作統籌施工，更有利於工程進度掌握，以便提早完工使用。

▲ 利用分區隔間特定區域，施作鞋櫃或置物櫃

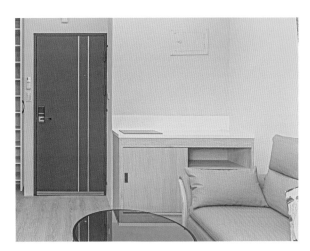

▲ 具烹煮輕食功能置物櫃

▲ 利用分區隔間特定區域，施作鞋櫃或置物櫃

11 油漆／壁紙

油漆

　　進入油漆塗裝階段，表示分區裝修工程進度已完成 1 ／ 2 以上。

　　房屋裝修仰賴各個工程廠商的協力合作，各工種問題如未及時處理，會影響後續工作的進行，各項工程的檢視工作應確實驗收，對於油漆的品質及工程進度有很大的幫助。油漆項目扮演著房屋裝修的重要角色，雖然在裝修工程中預算佔比不高，但適宜的油漆配色搭配良好的施工品質，可提升房屋質感，豐富整體視覺效果。

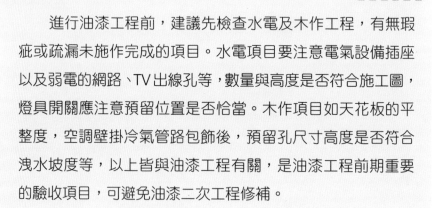

溫馨提醒

　　進行油漆工程前，建議先檢查水電及木作工程，有無瑕疵或疏漏未施作完成的項目。水電項目要注意電氣設備插座以及弱電的網路、TV 出線孔等，數量與高度是否符合施工圖，燈具開關應注意預留位置是否恰當。木作項目如天花板的平整度，空調壁掛冷氣管路包飾後，預留孔尺寸高度是否符合洩水坡度等，以上皆與油漆工程有關，是油漆工程前期重要的驗收項目，可避免油漆二次工程修補。

油漆施工步驟，先使用 AB 膠填補板材接合處與釘孔，再施以批土均勻後研磨平整、清潔牆面板材，接續第一次油漆（底漆）打底塗刷，最後再第二次塗裝油漆。

　　油漆的色調選擇，會影響房屋風格氛圍，可以根據期望的情境使用不同色彩變換搭配。

　　冷色調如文青風的青綠色大地色系，含青偏藍、含藍偏綠的色調，柔和沉穩有安定情緒的效果，視覺上有開闊心胸、放鬆的感覺。

▲ 冷色調油漆空間，營造悠閒、放鬆氛圍

/ 第二章 / 房屋裝修工程

暖色調在裝修設計時，多以淡黃、米白、奶茶色系為主，使用暖色調顏色，可以營造空間溫馨舒適的氛圍，給人愉快活力樂觀的情緒，是住宅裝修最常使用的色調。

▲ 暖色調油漆空間，營造溫暖、溫馨氛圍

現代簡約風的白、灰、黑色調，不同於冷暖色調屬於中性色調，大多以白色及灰色為主，搭配重點黑色的點綴，使住宅空間整體乾淨俐落，根據顏色比例的不同也能展現個人風格，是現代年輕人最喜歡使用的色彩。

根據不同的樓層、座向、採光等特性，房屋會有自己的個性，利用油漆妝點色彩，設計出屬於自己的風格，再搭配適宜的家具擺設，創造舒適的空間氛圍，規劃得宜的裝修風格，使房屋更具吸引租客的加乘效果。

▲ 白、灰、黑中性色調，呈現俐落、乾淨的空間感

/ 第二章 / 房屋裝修工程

壁紙

壁紙是常見的牆面裝飾材料，施工簡易快速，有別於油漆塗裝著重在色彩的搭配，壁紙有多樣的材質與花色圖案可選擇，能讓空間有不同的視覺感受，壁紙的使用以各空間主要牆面，如客廳主牆或主臥室床頭為主，使室內空間更具有立體感。

壁紙樣式繁多，印刷技術進步仿真圖案效果真實，在挑選上可依期望呈現的風格情境做搭配選擇，如休閒風的大自然題材紋理、工業風具斑駁感的紅磚牆，或是使用仿清水模的圖樣呈現粗曠的水泥質感，壁紙能讓空間產生立體層次，豐富視覺效果。

溫馨提醒

壁紙施工前牆面如有凹洞或牆面封版接縫處，要先批土施工使牆面平整並保持清潔乾燥，確認牆面平整後，才能完美貼合在牆壁上，壁紙貼合後，注意有無產生氣泡或邊緣角落有無翹起，有花紋圖案的壁紙，兩張壁紙的接縫處圖案拼接是否有對花對齊完整，並注意有無接縫過大的情形，視屋況使用矽利康於四周收邊填縫，讓它自然乾燥，清潔方面可以使用濕抹布擦拭汙損處，或是用家庭清潔劑稀釋後將汙損清除，最後再用乾抹布擦乾即可。

▲ 壁紙能呈現細膩的線條圖案

▲ 壁紙圖案多樣，豐富空間視覺效果

／第二章／房屋裝修工程

▲ 仿手刷特殊漆壁紙

▲ 壁紙多樣的顏色選擇，營造不同個性空間

12 衛浴／廚具／其他設備

衛浴

衛浴設備項目依現場浴廁空間大小，挑選適宜的面盆、馬桶及淋浴設備等五金配件，目前國產衛浴品牌在設計功能及價格大都能滿足消費者需求，本項目可請您的裝修承攬商包含在裝修工程項目內，如自行挑選品牌購買，要注意貨物在運送過程有可能因碰撞產生瓷裂瑕疵，貨品運送至工地簽收時，須立即拆箱驗收，避免後續有貨品瑕疵責任歸屬的爭議產生。

▲ 衛浴設備、五金配件示意

浴廁如有乾濕分離區，設有淋浴門設備，注意淋浴拉門、摺門門片不使用強化玻璃，改採 PS 板為佳，我們常見電視媒體報導，有飯店淋浴玻璃門或住宅餐桌強化玻璃檯面，發生自爆碎裂傷人事件，這種情形也發生在我同行好友的租賃房屋，在某日凌晨租客在浴廁淋浴發生玻璃門爆裂的狀況，我的好友善意提醒我，租賃浴廁空間避免使用強化玻璃門片。

▲ 防爆裂 PS 板淋浴拉門片

　　玻璃自爆裂現象雖然機率不高，但還是有機會發生，原因可能是浴廁淋浴時溫差過大，或是門片五金老舊損壞，影響玻璃產生爆裂情況。如現場已有淋浴玻璃門片，建議加貼防爆隔熱紙，如不放心可兩面都貼，以防玻璃爆裂情形發生。浴廁門如採玻璃門片，建議使用雙層膠合玻璃以利安全，防範浴廁意外發生。

　　衛浴設備五金配件如置物毛巾架等，相比其他裝修項目容易被忽略，但安裝適宜的五金配件，可滿足租客在浴廁空間的

使用需求，避免租客隨意鑽孔破壞牆面、擺放雜亂，導致牆面有藏汙納垢之情形。另外一般賣場販售的五金配件，有些使用強力黏貼的固定方式，經濟實惠且安裝方便，也是可參考的選擇。

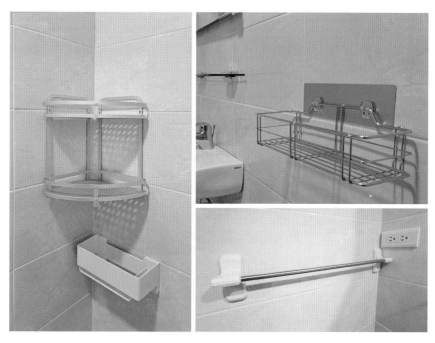

▲ 衛浴五金配件示意

廚具

廚房廚具設備是 2 房家庭重要區域，有廚房和客廳才有完整居家的功能，透過烹煮聚餐可增進家人情感，是小家庭重要的場所。

廚房有幾項重要功能如烹煮、清潔及收納，為滿足使用機能，如瓦斯爐、抽油煙機、烘碗機為必要設備，廚具櫃體樣式依現場空間尺寸，委託裝修承攬商設計配置需求，確實安裝後再驗收測試。

房屋如無提供天然氣設備，廚房建議勿使用桶裝瓦斯，宜採無明火 IH 爐為佳，IH 爐烹飪加熱效率高，不會讓環境溫度上升，烹煮過程較舒適且清潔容易，缺點是鍋具需使用平整鍋底，需挑選具良好導磁性的鍋具，有國產品牌在促銷期間購買 IH 雙口爐，有附贈三種不同鍋具的優惠，在購買挑選 IH 爐具時可多加留意。

廚具應注意各項電器用電預留，如排油煙機、烘碗機、IH爐、電鍋等專用電外，在水槽下櫃內預留一組 110 V 電源，以備飲用水過濾器用電之需。

▲ 廚房是居家重要的空間區域

▲ 廚房爐具選用 IH 爐

　　排油煙機風管如未在當層陽台外牆排放，而是接往公寓管道間內，容易有其他樓層油煙味倒灌，遇此情形委請水電包商在排油煙機出口處，加裝防逆止風門即可改善異味倒灌情形。

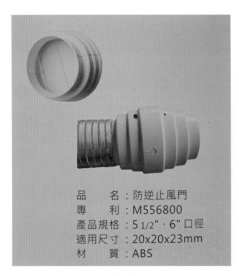

品　　名：防逆止風門
專　　利：M556800
產品規格：5 1/2"、6" 口徑
適用尺寸：20x20x23mm
材　　質：ABS

▲ 防逆止風門

▲ 排油煙機安裝防逆止風門

其他設備

一、電熱水器：

以分區裝修來說，房屋已有天然氣設備，2房格局可繼續使用原天然瓦斯熱水器，1房1廳則另外安裝電熱水器；若房屋無提供天然氣，二區則各安裝獨立電熱水器以分開使用。

電熱水器如採用功率6KW／電流27A（安培）瞬熱功能的儲熱式電熱水器，瞬熱功能在供應熱水時能同時將水加熱，加熱速度快且能連續供應超過自身容量的熱水，能滿足寒流天氣淋浴的熱水供應量，經過我們測試，國產設備重新開機後，約8分鐘即可達到45度水溫，雖然體積大但供水量多，裝修時可隱藏在浴廁或廚房天花板，並於下方留出放水清潔孔與維修口，再連接控制面板於浴廁門口處，可設定水溫、定時及開關功能方便使用。

根據房型設定的居住人數，2房格局建議安裝至少15加侖電熱水器，另外1房1廳格局設定2人居住，則安裝12加侖電熱水器，水電包商善意提醒，您如不想接到租客來電抱怨熱水供應不足，建議安裝至少12加侖的儲熱式電熱水器為佳。

電熱水器清潔孔

▲ 儲熱式電熱水器隱藏天花板設置

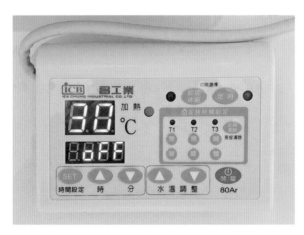

▲ 儲熱式電熱水器控制面板

另外有些套房會使用瞬熱式壁掛電熱水器，體積小但供水量也少，且加熱能力有限制，如遇寒冷天氣或熱水需求較多時，這種小型電熱水器，會面臨出水忽冷忽熱的的情況，故不建議 1 房 1 廳有兩人居住空間時使用。

　　電熱水器廠牌選擇多，除了挑選有品牌外，要留意是否有防漏電保護裝置、故障自動偵測、防空燒及溫度過熱保護裝置，挑選有完善安全保護裝置的電熱水器才有保障。

溫馨提醒

　　依照能源局提供的電器用電數據，及水電包商測試結果，屋內最耗電的電器第一名是儲熱式電熱水器，以下我們提供三個儲熱式電熱水器的省電方式：

1. 使用定時器功能，設定幾個常用熱水的時段，自動開關。
2. 有休眠節能設計，遇長時間不使用，有自動降溫的功能。
3. 於浴廁門口處安裝開關控制面板，使用時再打開，用後隨即關閉。

二、抽風機、燈具裝設 IC 電子分段開關：

　　公寓、大樓遇有浴廁未開窗情形，在浴廁洗澡後，留有濕氣潮濕問題困擾，有一經濟便利的解決方法，請水電包商在抽

風機與照明燈具加裝 IC 電子分段開關，設定第一段開關時燈具與抽風機同時運作，洗澡完後關閉再打開第二段開關，僅維持抽風機繼續運轉，只需幾個小時，即可快速排出濕氣、熱氣，創造涼爽的浴廁空間。

有分段開關操作模式既省電也節省預算，不一定要安裝暖風換氣機也能達到除濕效果，市售五合一暖風換氣機約莫萬元以上，一般家庭也有使用的需求，有些個人套房沒有陽台曬衣的空間，在浴廁安裝暖風換氣機也可兼具晒衣乾燥的功能。

以上分段開關裝置只需花費數百元材料即可加裝，建議搭配抽風機至少 85m³／每小時的排風量，即可快速排除濕氣，並將排風管接入管道間內或當層排放戶外，如遇管道間有異味或強風倒灌情形，另選擇有異味阻斷型（電動逆止閥功能），關機後可阻擋異味或強風倒灌。

三、陽台設備：

陽台是居家必要的空間，住宅沒有陽台缺少功能完整性，基於租客生活便利性，陽台空間除設有洗衣機或空調室外機位置外，安裝升降曬衣架可將陽台下方空間騰出更好利用，以單桿或雙桿手動式控制升降高度，CP 值高、安裝便利，如預算充足可選用遙控式電動曬衣架。

陽台空間足夠，可再選擇適當尺寸的水槽提供洗滌功能，增加使用便利性，規劃設計時須留意水槽給排水管路的預留位置。

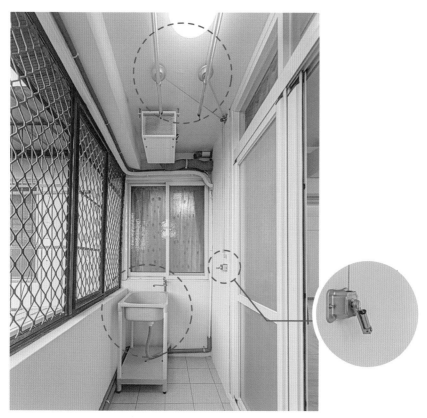

▲ 陽台空間安裝手動式升降曬衣架及水槽

13 窗簾／家具

窗簾

　　常見的窗簾款式有傳統雙開簾、捲簾、羅馬簾、調光簾、蛇型簾等，不同樣式窗簾的遮光、調光效果及視覺風格都有差異，有別於自用住宅窗簾設計配置，租賃住宅的窗簾選擇上就簡易許多。

　　傳統雙開簾使用方便，具有對稱的美感，在遮光性與遮蔽性最為出色，能防止日光直射屋內，優雅的布簾垂墜再搭配紗簾能夠營造出浪漫的氛圍。

　　紗簾布料材質輕盈，圖案花色變化性多，透過日光照射，雖不具有遮光性但有柔和光線的功能，是裝飾效果最好的窗簾，一層紗簾加一層布簾的組合，是空間裡最吸睛引起注意的地方。

　　臥室窗簾部分選擇雙開簾、捲簾及調光廉為佳，捲簾價格平實，材質清潔保養方便，也可自行 DIY 組裝，具有良好的遮光性、材料樣式多、CP 值高，是目前市場主流使用量大，捲簾有全遮光 100% 或半遮光捲簾，以租客立場，不影響睡眠品質，使用全遮光捲簾為宜。

其他不適合在租賃場所的窗簾樣式，如羅馬簾、風琴簾等，因不易維護、拆裝不便和價格考量，選擇傳統雙開簾、捲簾及調光廉較佳，外觀效果大方美觀。

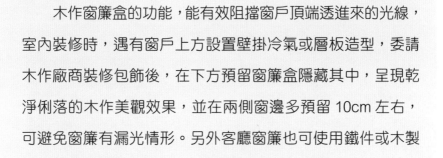

溫馨提醒

　　木作窗簾盒的功能，能有效阻擋窗戶頂端透進來的光線，室內裝修時，遇有窗戶上方設置壁掛冷氣或層板造型，委請木作廠商裝修包飾後，在下方預留窗簾盒隱藏其中，呈現乾淨俐落的木作美觀效果，並在兩側窗邊多預留 10cm 左右，可避免窗簾有漏光情形。另外客廳窗簾也可使用鐵件或木製藝術桿搭配的五金配件，也能呈現出不同的風格。

▲ 不同型式的窗簾搭配，豐富整體空間視覺效果

▲ 調光簾

▲ 窗簾盒結合冷氣裝修包飾，提升整體空間精緻度

家具

全配家具能夠滿足租客居住生活機能，1房1廳租賃空間設定未婚情侶或上班族客群，租客只要準備好衣物行李，不需要再自行添購家具即可入住，對他們來說相當便利，全配家具能提高出租效率。

分區裝修的家具配置，1房1廳的家具規劃，我認爲客廳及臥室區設置，以兩人收納需求爲前提，例如客廳區沙發，可採L型沙發 210~240cm，或小型 2+1 人座沙發搭配茶几，電視矮櫃及鞋櫃是基本需求，空間如足夠，可設置長度 4~5 尺的半高櫃料理台，台面放置有輕食功能的電陶爐，能爲1房1廳空間加分，因爲客廳有料理台，租客能準備簡易輕食料理，才算是有完整家的氛圍。

1房1廳臥室區的家具配置，除了標準雙人床組（5尺X6尺2）、床頭櫃及書桌椅的基本需求，衣櫃尺寸建議至少4尺120cm，三門片或雙拉門衣櫃爲佳，可滿足兩人衣物收納量，如臥室區空間足夠，以租客收納考量，可再擺放小型五斗櫃或開放式鐵件置衣架，增加收納功能。

▲ 1 房 1 廳房型全配家具示意

/ 第二章 / 房屋裝修工程

2 房 1 廳房型的家具配置，是以設定使用的租客族群決定是否添購，如設定的是小家庭族群，租客通常已有自己的家具，建議屋主先不採購家具進場，以保持需求彈性。但如設定的租客是兄弟姊妹、同事、好友，共同一起分攤房租的族群使用，家具則可以一次購買齊全，出現這樣的房客族群，即可順利出租。

　　現今的家具採購選擇，有日系（宜得利）、歐系（IKEA）或國產自製品牌等，家具購買管道選擇眾多，如何購足完整的全配家具，需要一些時間整理比較，這部分可委請裝修承攬商，在設計規劃時選定好家具風格、顏色、功能、價位後，再一起過濾挑選相對快速有效率。

溫馨提醒

　　如您已有自行選購家具經驗，除了找您熟識的家具商服務外，現今網站也有許多工廠直營家具的販售管道，上網購置家具一定要特別注意，現場的尺寸與家具配置是否符合，這點很重要，避免疏漏尺寸概念，造成家具需要重選搬運更換的二次工作，另外要事先確認購買家具商的運費收取方式（公寓、大樓、透天收費不同）及是否包含組裝服務，避免家具送達現場，屋主還要自行組裝的困擾。

▲ 兼具休憩、收納的多功能 L 型沙發

選擇家具須注意尺寸及使用功能，挑選兼具收納功能的家具，能滿足租客收納需求，再搭配主牆面特色油漆或壁紙色彩讓空間有焦點，選對家具樣式、風格呈現現代空間的品味，讓家的感覺層次分明，提升房屋的質感氛圍。

▲ 有安全扣裝置的收納掀床　　　　▲ 開放式鐵件置衣架

14 軟裝布置／家電設備

軟裝布置

　　軟裝布置在設計裝修自用住宅時扮演重要的配角，適當的軟裝能為空間畫龍點睛，增添使用者生活美感與活力，但軟裝在租賃空間，往往被忽略不受重視，其實軟裝的重要性是在刊登出租廣告時，在眾多的租賃物件中會與眾不同，成為最吸睛最具有風格特色的 APPLE 物件，平淡無擺飾效果的空間，只能出租一般行情租金，但經過軟裝設計的房屋，較有設計質感與品味，可讓您的房屋租金高出行情。

　　如何在租賃空間做軟裝布置，如您是找室內設計公司裝修房屋，部分公司會有備存擺飾物品，以供住宅完工後拍照存檔，這部分可以事先詢問裝修承攬商，裝修完工後是否有協助軟裝布置及拍攝的服務，並同意可公開使用，這是最簡易節省飾品挑選時間和購買成本的方法。

　　如自行做軟裝設計，一定要掌握空間尺寸概念，擺放過大的家具和飾品會有壓迫感，太小則比例有違和感。

　　藉由裱框圖畫、花器與假書飾品等，根據空間風格需求，將飾品融入家具擺設，能增加空間的質感，拍攝出豐富的居家氛圍。

▲ 軟裝布置設計，豐富空間質感

在公共玄關走道與客廳，需要有一個視覺焦點，除了是沙發與茶几外，主牆面搭配掛畫以圖畫為中心，絕對是點亮居家軟裝布置的重點，客廳沙發搭配適當款式的抱枕擺設，會讓空間更顯柔軟、溫暖。

◀ 公共玄關掛畫裝飾遮蔽弱
　電箱，美化牆面

　　　　　　　/ 第二章 / 房屋裝修工程

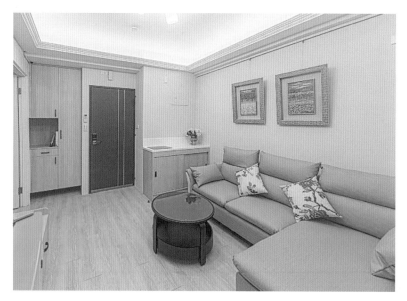

▲ 客廳掛置圖畫點綴主牆，豐富整體空間視覺效果

家電設備

　　家電設備，是租賃裝修最後一筆應付的預算費用，屋內配置完善的電器設備，如冷氣、電視、冰箱、洗衣機，除了可快速找到租客外，也能提升租金價格。

　　以1房1廳為例，裝設冷暖變頻空調加上客廳的 43~50 吋電視，絕對是廣告焦點，冰箱則建議選擇有冷凍儲藏功能的雙門冰箱，洗衣機容量則配合陽台空間尺寸大小即可。

　　2房＋客廳房型的家電設備配置與否，與家具配置考量相同，以租客族群的設定為主，如果是小家庭通常本身會備有家

電用品，因此不需要事先設置，但如果是兄弟姊妹、同事、好友等合租方式，有家電的配置則會提高租屋意願。

▲ 1 房 1 廳房型全配家電

2 房 + 客廳房型適合 1~4 人居住，使用彈性大，不同租客族群會有不同需求，所以建議不一定要預先購買家電設備，即可包含所有不同需求的客群，等租客出現後依需求再購買即可，以保有操作彈性空間。

我曾遇過一位佛心屋主，購買的家電設備皆有變頻功能為主，例如變頻冷暖空調、冰箱、洗衣機，他表示對於房東來說每件電器費用，雖需要多花幾千元，但在租客身上有省電節約的感受，果然他的房屋租賃也反映在房客的長期租約，與高租金的收益成果，這完全是利人利己的思維。

第三章
補充筆記

01 筆記一：準備好當房東

　　現今網路媒體及相關理財工具書，對於投資房地產買賣租賃與金融商品的比較不勝枚舉，不同優缺點的論述各有擁護者，投資選項沒有好不好，只有適不適合自己的問題，

　　我的本業是室內設計，不是房地產業者也不是金融商品分析師，主觀認定當房東是最好的投資管道有失立場，如您自己的人格特質，是適合長期持有以獲得穩定的被動收入，每月都可以有現金流收益，而不是低買高賣，獲取賺價差的投資思維，加上您的資產規模夠，買房當房東就符合您的目的。

　　準備好當房東的必備要件有以下六點：

1. 尋找高報酬物件

　　尋找具有一般消費需求，如大樓店面、透天店舖的租賃市場，或是住宅的 1.0、2.0、3.0 方式。能夠讓房屋有最大的租金效益是房東所希望的，包租公／婆 3.0 提供您另一種購屋置產選擇，以本書所分享的 3.0 模式，尋找具有高報酬物件的機會。

2. 買屋貸款

　　透過房屋仲介買賣房屋的流程，地政士能協助您房屋貸款的問題，或是您自己有熟識配合的銀行理專人員服務，買屋前事先確認銀行能提供的貸款額度及期數條件後，再進一步下斡旋，才能保障您簽約購屋後現金流的控管，避免貸款成數不如預期，造成資金控管不周的問題。

　　買房是人生大事，一定要慎選有品牌的房仲公司，買房簽約有履約保證，購屋才有保障。

3. 房屋裝修

　　房屋裝修的目的，是為了將租金坪效極大化，透過房屋改建，滿足不同租客族群的居住需求，換取更大的租金收益，不同於 1.0 模式，包租公／婆 2.0、3.0 經裝修包裝後再進行招租，需要再投入一筆資金，以獲取更高的收租報酬。

　　本書第二章裝修篇，針對包租公／婆 3.0 模式，以適當的裝修方式，重點分享各工程項目工法，針對租客需求進行裝修，在符合法規、安全、實用、經濟的條件下，滿足租客在不同空間格局的使用，達到延長租期的目的，換取每月固定報酬收益。

4.房屋出租、訂定租金價格

　　經買屋裝修流程後，可請您購買房屋的房仲經紀人繼續為您做後續房屋的租賃服務。

　　在訂定租金之前事先做好功課是非常重要的，廣告上務必將房屋風格與特色列出，例如家具、空調、電器和其他設備，有特殊功能則附上文字說明。訂定租金策略上，除聽取房仲經紀人意見外，參考數字租屋網，比較當地相關出租產品價格訊息，能瞭解同房型屋況的租金行情，抓出租金參考價格。

　　租金金額訂定，建議以當地出租行情加10% 左右先試水溫，以保有後續租金價格彈性調整空間。

5.篩選房客

　　在一開始帶看租客群中，選擇出心目中的好房客是每位房東所想要的，做好事前的篩選房客，房東可省去很多的麻煩，最怕是遇有奧客，沒有如期準時應付租金或作息不正常影響鄰居等情形，房東喜歡職業穩定及人品穩重的房客，我認為如雙方時間允許，可再次安排複試見面談，能深入瞭解房客言行舉止是否注重禮節及合理的租屋動機，能配合房東設定的特殊限制如禁菸、禁養寵物等，藉由以上幾點觀察租客的反應與生活習慣，在接觸過程中，協調雙方的需求條件是否達到共識，篩

選出符合房東理想的人選。

6.租賃簽訂、履約、終止租約

　　租賃契約簽訂，應特別注意各房仲公司所提供的租賃契約書，與內政部經修正後契約書範本內容的差異，我認為房屋租賃契約書的內容條件，在準備簽約時要確認租客與房東是否已有共識再進行簽認，媒體報導近年的租屋糾紛，以終止租約糾紛項目排行最高，是否因為房客與房東在租屋簽訂租賃契約時，內容條文並未說明清楚，導致雙方在條約內容認知有差異產生爭議。

　　簽訂房屋租賃契約書，規定應給租客三天審閱期，簽約時建議預留充分時間避免匆促完成契約書，雙方來不及說明清楚所有條約內容即簽訂租約，埋下日後糾紛的主因，以上是我認為應特別注意的地方。

　　另外建議讀者可以閱讀市面相關租賃工具書，有專門撰寫從租賃簽訂至租約到期注意事項的專業見解。

02 筆記二：擔心的事設下防線防範

　　人都有擔心的事房東也不例外，我認為只要將房屋設下多道防線，萬一擔心的事真的發生，房東與租客比較能從容應對並減少損失。

1.租約公證

　　房東偶爾會遇到不準時交付租金的租客，但如果一直拖延不交付房租，在房東口頭催繳後，租客還是繼續欠租達兩個月時，要先寄發存證信函，明訂期限內給付所欠租金，若租客仍不付清所欠繳的房租，房東便可提前終止房屋租約，向法院起訴請求返還房屋。

　　我想大部分房東，如真的遇到遲繳房租並繼續佔房的惡房客，往往是向法院提出民事訴訟解決，很多房東應該都知道租約公證，但大都嫌麻煩而不願再多花錢去做公證，其實租約公證對房東和租客雙方都是有保障的。

　　租約公證的好處，代表租賃契約已經法院所屬公證人認可，一旦任何一方有違約情形，在符合公證法要件下，不需要經過

法院冗長的程序，出示對方違約證據，就可請法院直接強制執行，保障本身權益。

租約公證除了有法院強制執行效力外，也具有嚇阻作用，提醒雙方一旦發生違約事件，在符合公證法要件，法院就可以直接強制執行，嚇阻房東與租客不要輕視違約情形發生，公證費用可以由房東一開始招租時，明定與租客分攤的方式。

租約之簽訂涉及雙方權利義務，建議房東可諮詢專業律師，保障自身權益。

2. 擔心意外與財損

房屋租賃期間遇有意外或財損發生，除天災不可抗力的地震、颱風水災，危及居住安全外，其他意外的發生有部分可能是人為所引起，或房屋裝修設備施工不良，應注意而未注意，如浴室、廚房地磚過滑、玻璃爆裂、配電不安全，導致漏電觸電情形或消防及瓦斯安全配備不足等，都有機率發生人員意外損傷與房屋財損。

房屋的使用安全，裝修承攬商與房東需承擔責任，尤其是經過改建裝修的房屋，慎選有口碑並注意施工品質與保固服務的裝修承攬商，房東本身也要落實驗收責任，避免因房屋裝修時未發現工程瑕疵，導致租客發生意外造成善後的困擾。

3.購買保險

　　租屋族怕遇惡房東，房東也怕惡房客，包租公／婆不好當，房東有很多擔心的事，擔心租客不定時繳付房租，擔心不愛惜家具設備破壞內裝，更擔心的是租客想不開在屋內輕生，房屋就變成凶宅，租不出去也賣不掉，房屋資產被打折扣。

　　為了協助房東降低房屋變成凶宅的跌價損失，國內各大產險公司大都有居家綜合保險，購買房屋時，貸款銀行會要求買方承保住宅火災及地震保險，有部分產險公司可附加特定事故房屋跌價補償保險，費用約再增加幾千元左右，承保內容理賠約五十至一百萬的保險金額及清理費用十萬元，房東即有基本保障。

　　另外建議可再加保國內〇邦產險公司的闔家平安家庭綜合保險，內容除了有家庭財務保障外，特定事故房屋項目可選擇跌價補償最高理賠一百二十萬元計劃，及附加特定事故房屋租金補償保險六個月每月一萬元，以及清理費用五萬元，保費約四千餘元，購買保險是房東必備的保障，不保險才是最大的風險。每年保費平均花費數千元即可設下多道防線，萬一發生意外事故，房東即能避免擴大損失。

03 總結

　　包租公／婆 3.0 的撰寫，是我利用工作空檔之餘所記錄下的筆記重點，透過本書內容分享讀者，敍述 3.0 的起源，開啟房屋房型格局密碼，尋找簡易分區的房型格局，以低裝修成本的概念，打造實用、經濟、安全的房地產標的，維持長久置產的思維，每年收取穩定的租金收益，並可兼自住使用，靈活的活化房屋資產。

　　高投報的方式有很多選擇，但相對也伴隨不同程度的風險，投資任何產品需要有清楚的認知和明確的目標，做足功課瞭解自己的投資屬性，走出自己的節奏，在投資的世界裡沒有最好的方案，最重要的是找到適合自己的操作模式並開始去執行。

　　近年來房價大幅成長，租金收益率偏低，3.0 模式有三低一高（低管理／低裝修成本／低風險／高報酬）的優勢，有別於1.0 的偏低收益，2.0 的高裝修成本與管理風險，3.0 模式對於以長線買房收租的置產族，分享不同的操作方式。

　　根據內政部統計，近年全國平均每戶家庭人口 2.56 人已創新低，每戶人數從 2009 年跌破 3 人後持續走跌，除了因高房價

因素，買方不得已尋求室內坪數較小的 2 房產品以降低房屋總價，從另一方面也反應，近年家庭型態的組成改變，小家庭及頂客族成爲主要的家戶組成，建設開發商也順勢推出小坪數 2 房產品，所以 2 房 1 廳及 1 房 1 廳小坪數建物，漸漸地成爲房地產市場主流趨勢。

本書《包租公 / 婆 3.0》賦予提升收租報酬的方式，提供首購族收租兼自住的方法，解決房屋閒置資產的問題，希望讀者能發掘出 3.0 模式的其他效益，期許未來透過包租公／婆 3.0 創造社會價值。

本書內容，讀者若有發現錯誤，或有誤植、疏漏之處，敬請各界先進不吝惠予指教。

免責聲明

任何投資理財都有風險，本書所提供房屋房型分析，分享與建議僅做為參考之用，讀者依本書內容建議，進行任何投資行為盈虧自負，請自身衡量判斷負擔風險能力，做出投資決定自行承擔責任，包租公／婆 3.0 不保證收益結果，如因交易導致損失，均不承擔任何責任。

04 Q&A

Q1：3.0 分區裝修需要準備多少預算？

這問題無法精準回答詳細，因爲每一建物屋況與格局不同，裝修所需費用也不相同。

舉例買房如幸運遇到前屋主已整修浴廁與廚房，室內格局也符合 3.0 房型的需求，裝修費用則會少了大半，只需分區隔間牆與水電配置重點，裝修後即可出租使用，反之，若房屋屋況不佳，需要變動室內格局更換鋁窗，浴廁、廚房及全室地板更新，裝修所有花費可能會增加每坪 5 萬元以上，視建材等級及項目數量而定。

3.0 分區裝修與 2.0 改建 4~5 間套房比較，3.0 二區房型只需兩套衛浴及一組廚具，格局也不須太多變動下，在裝修花費上肯定比改套房成本減少許多。。

Q2：3.0 房型比較好出租嗎？

參照客戶經驗，1 房 1 廳 1 衛房型，因有家具家電全配優勢，適合 1~2 人居住使用，租客族群最多，通常會優先 2 房出租，有 1 房 1 廳開始收取租金，此時租客已替您給付房屋貸款利息，

有充裕時間下第二區 2 房 1 廳可好好篩選租客，選擇您心中適合的人選。

Q3：遇不利分區房型，仍要分區好嗎？

我認為您需要先抓出仍要分區的裝修總預算，這部分可請您的裝修承攬商協助估算，有了裝修費用成本概念，再自行計算年收租金除以購屋及其他成本支出的報酬率，是否符合期待，這個問題其他人無法替您做決定，只有自己最清楚。

舉例本書第一章不利分區房型（一）（p.104-p.107），只移動一間浴廁位置，在主臥室及走道架高地板，因施工面積不大，增加的裝修預算不會太多，可以考慮繼續執行 3.0 仍要分區工程，但反之，如浴廁需移動特定位置，需要將全室地板架高，有沒有必要如此大範圍施工，經過投入的成本與預估收租報酬的投報率計算，我想答案應該很清楚。

Q4：3.0 模式需要辦理「戶數變更」嗎？

包租公／婆 3.0 分二區的概念，是以提升租金收益，長期獲取每月固定報酬，或兼自住需求為目的，並不需要去辦理戶數變更。本書不鼓勵購屋者去辦理戶數變更，以分戶型式短期買賣賺取價差。

Q5：3.0 分區房型以後能否恢復原狀？

先回答當然可以，3.0 分區裝修通常未大幅變動格局及增加浴廁與臥室數量，恢復時只須拆除分區牆及二區電路改回一戶總開關配置，卽能恢復原狀。

Q6：出書的目的？

有朋友問我出書的目的，我的回答是，從室內設計的角度分享讀者 3.0 模式，在房屋買賣市場中，還有其他的方式選擇，找到適合自己的投資工具，挑選出低管理／低裝修成本／低風險／提升租金收益的標的。

05 首閱心得

首閱心得 1

　　感謝作者錡茂大哥的無私分享，讓我有幸在《包租公／婆3.0》正式出版前，搶先拜讀，因緣際會，有幸服務過錡茂大哥，錡茂大哥是一位非常客氣、專業的前輩，在討論案件的過程中，也與我們分享自身室內設計的實務經驗，獲益良多。

　　做為從業十餘年的不動產從業人員，也服務過一些購屋目的為將舊屋重新翻修後出租，追求投報率的客戶，我且將他們稱之為置產收租客，每位置產收租客都有自己的想法，有的想直接整理後整層出租，也有的人構想將室內空間切割，改成最多間的套房出租，大部分置產收租客的想法大多屬於這兩類。

　　而拜讀完《包租公／婆3.0》一書，我想這應是市面上首創，將置產收租客的想法統整歸類為包租公1.0、2.0甚至創新的3.0。

　　本書一大賣點，大多個案皆為錡茂大哥實際操刀過之個案，從裝修發想、室內空間分配、投報率的試算、管理上的難易等

等通盤考量，藉由真實的實務案例與讀者們分享，而非憑空想像的紙上談兵，在追求高投報率的同時，又需兼顧投入成本的拿捏，並考量目標客群及管理風險，提供讀者全面性的思考方向。

如果，您對於將房子室內裝修後出租，創造穩定現金流有興趣，卻又擔心沒有實際的經驗可以參考，本書絕對是帶您入門的最佳工具書。

o 義房屋店長　陳昱帆

　　因爲一間房子而結下的緣分……

　　作者錡茂大哥的心得邀約，著時讓我受寵若驚。在服務的過程中，其實就有發現作者很用心在思考，如何給住在房子裡面的人一個舒適的空間，也無私地與我分享自身室內設計的相關經驗，由衷感謝。

　　每個人對於自己的居住空間都有一個夢想，但是對於自己用來收租的房子卻又不是很容易使得上力，一個理想中的案件，能夠完美迎合我們的投入時間、成本和未來規劃。然而，隨著時間的推移，人口結構的變化和思想的進步，投資規劃的方向是否仍然適合我們的生活？

　　房子格局是影響房客居住體驗和裝修成本的關鍵因素之一。因此，當我們感受到我們的投入成本及管理方式需要改變時，房子格局的改造成爲一個重要的解決方案。

　　本書爲您提供有關房子格局改造的全新指南。不論您是準備對現有房屋進行格局更新，還是有計劃置產，購入中古屋，本書都將爲您提供實用的分享、專業的知識與創意的設計建議。

　　透過深入的討論和豐富的圖解，您將瞭解到如何評估現有格局的特性，並學習到創新的設計原則。本書將探討各種房屋格局和空間的考量，並提供實際案例和設計規劃圖，以激發您

的創意和啟發您的設計思維。

　　無論您是自己摸索還是尋求專業設計師的幫助，本書將指導您在改造過程中的一切重要事項。這本書一定能夠成為您房子格局改造的寶貴資源，幫助您實現低成本、低風險、高報酬的投資置產計劃。

ｏ義房屋 資深業務　楊勝欽

　　我與作者林錡茂先生已認識十多年，得知他有意要寫一本關於投資房市的書時，當下直覺有點錯愕，畢竟寫書是需要耗費時間和精神，而且還是要將這麼多的專業領域，濃縮在有限的書本內，更是不可能的任務，但，他卻辦到了。

　　書中一開始便點出重點：從包租公／婆 1.0 到 3.0 的差異，接著以實例說明，雖然每個物件不盡相同，但林錡茂先生仍在書中分門別類，並規劃出最適合的方式，在能控制的預算內，發揮到最大的投報率；最後再針對裝修工程過程中，必須施作的項目、依循的法規，也都以淺顯易懂的文字表達，讓沒有經驗的讀者能很快的瞭解，甚至想馬上找個物件試試。

　　在這訊息快速傳遞的世代，一本書能否吸引讀者，除了內容是否精彩，還要是最新的、最容易達成的，《包租公／婆 3.0》這本書就都符合，很開心林錡茂先生能出這麼一本書，讓我們可依自己的財務規劃以較低成本投資置產，期待以後還有更進化的 4.0、5.0！

好友　劉文華

首閱心得 4

　　很高興作者能將自身經驗大方地分享並撰寫出《包租公 / 婆 3.0》一書。作者本身除了有多年室內設計經驗，更是 3.0 模式的實踐者，以此背景下，內容不僅詳細且符合實務。

　　從前期如何在廣大房屋市場中找出璀璨物件，到中期裝修容易忽略之大小事，以及後續租賃合同的眉角等細節，內容都鉅細靡遺的收載在書中。

　　投資風險都來自於對投資領域的無知，相信透過本書內容，讓讀者在閱讀的過程中能更加瞭解 3.0 模式，進而降低產生的風險，

　　在這寸土寸金的高房價時代，讓許多年輕人對於買房望之卻步，書中所提及的出租兼自住模式，能達到減少房貸壓力的效果，期許藉由這個方法，能讓更多人勇敢地往購屋目標邁進一步，為自己安家結束租屋的飄泊生活。

　　3.0 模式在於每個人都能規劃出不同的分區房型，「價格是自己所付出的 (成本)，價值是我們所得的 (投報)」希望讀者們透過此書都能創造出屬於自己的房屋獨特價值。

Designer 蘇柏華

附錄

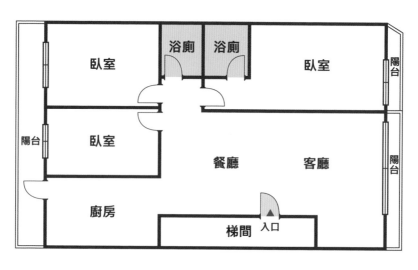

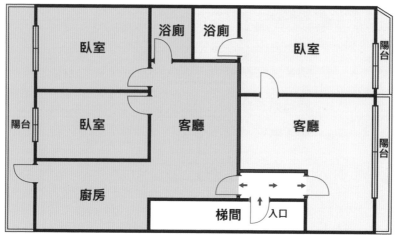

練習題一

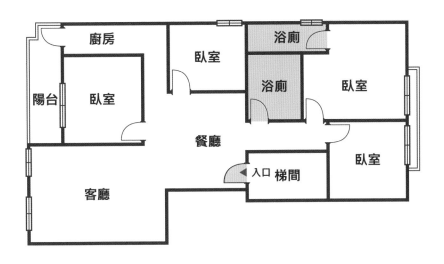

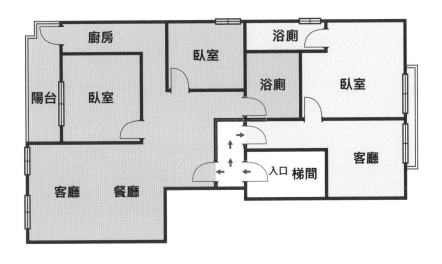

練習題二

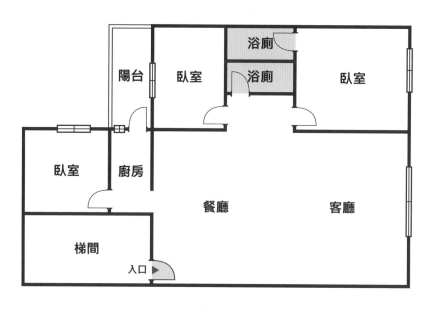

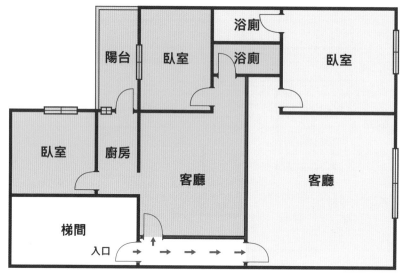

練習題三

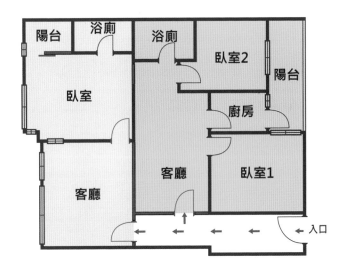

練習題四

附錄

1. 全國法規資料庫 http://law.moj.gov.tw

2. 營建署全球資訊網站 http://www.cpami.gov.tw

3. 室內裝修工程實務，徐炳欽（2023），全華圖書股份有限公司。

4. 信義房屋 https://www.sinyi.com.tw/

5. 住商不動產房屋網 https://www.hbhousing.com.tw/

6. 永慶房仲網 https://www.yungching.com.tw/

7. 591 房屋交易網 https://www.591.com.tw/

8. 欣中天然氣 http://www.scgas.com.tw:3000/

9. 環球水泥 http://www.ucctw.com/

10. 太平洋電線電纜股份有限公司 http://pewc.com.tw/zh-tw/

房屋仲介：陳芳瑛、蕭恩生、陳昱帆、楊勝欽、趙心蕾、楊家豪、
　　　　　陳佳靖、林易璿、吳〇球、林琪淑、張代旻

裝修設計：徐炳欽、張一庭、李俊修、何蜀蘭、廖文富、徐淨慧、
　　　　　劉文華、蘇柏華

協力廠商：楊文振、李文華、陳國利、陳晉菖、張三明、林主賜、
　　　　　鄭如平、張江南、駱以晨、王俊源、江政忠、林鑫弘、
　　　　　劉若蓁、劉建坤、蕭崇輝

建築顧問：許瑞銘　建築師

法律顧問：張宏銘　律師

會計顧問：吳金松　會計師

房產顧問：賴坤成、蔡秋鴻、黃景文

地政顧問：邱郁文

消防顧問：林錦源

作者攝影：趙永華

協力編輯：黃于容

國家圖書館出版品預行編目資料

包租公/婆 3.0／林錡茂著. --初版.--臺中市：白
象文化事業有限公司，2023.11
　　面；　公分.
ISBN 978-626-364-119-8（平裝）
1.CST：不動產業　2.CST：投資　3.CST：租賃
554.89　　　　　　　　　　　　112014177

包租公/婆 3.0

作　　者　林錡茂
法律顧問　張宏銘
特約設計　白淑麗
發 行 人　張輝潭
出版發行　白象文化事業有限公司
　　　　　412台中市大里區科技路1號8樓之2（台中軟體園區）
　　　　　出版專線：（04）2496-5995　　傳眞：（04）2496-9901
　　　　　401台中市東區和平街228巷44號（經銷部）
　　　　　購書專線：（04）2220-8589　　傳眞：（04）2220-8505
專案主編　林榮威
出版編印　林榮威、陳逸儒、黃麗穎、水邊、陳婉婷、李婕、林金郎
設計創意　張禮南、何佳諠
經銷推廣　李莉吟、莊博亞、劉育姍、林政泓
經紀企劃　張輝潭、徐錦淳、林尉儒、張馨方
營運管理　曾千熏、羅禎琳
印　　刷　上立國際事業股份有限公司
初版一刷　2023年11月
定　　價　580元

白象文化　印書小舖 PressStore出版社記　出版 · 經銷 · 宣傳 · 設計
www.ElephantWhite.com.tw　f 自費出版的領導者　購書 白象文化生活館